NEUES VON SALCIA LANDMANN

Neues von Salcia Landmann

Jüdischer Witz

Herbig

Schutzumschlag: Wündrich-Meissen, Stuttgart
Satz und Druck: Wagner, Nördlingen
Bindearbeiten: Thomas Buchbinderei
Printed in Germany 1972
Archiv-Nummer: 87 00 600
ISBN-Nr.: 3-7766-0600-2

Inhalt

Zum jüdischen Witz 7
Aus der Kille 19
Narren 35
Bettelstudenten und Schnorrer 39
Himmelsmacht Liebe 53
Geld 77
Vor Gericht 111
Moritzl 117
Medizin und Hygiene 125
Zwischen Jud und Christ 133
Getauft 149
Bildung 155
Frau Pollak von Parnegg 171
Berühmte Juden 175
Hitlerzeit 205
Marxens Paradies 211
Israel 219
Von Galizien bis New York 231
Glossar 239
Liste der Spender von Witzen und Anekdoten 246

Zum jüdischen Witz

Als mein Buch »Der Jüdische Witz; Soziologie und Sammlung« 1960 im Walter Verlag erschien, wurde es von der Presse fast einhellig mit Begeisterung aufgenommen. Man empfand es als einen Schritt zur Normalisierung der Beziehungen zwischen Deutschen und Juden. Man war erleichtert, nach den fürchterlichen Vorgängen der Nazizeit endlich auch wieder anders als nur mit Schreck und Gram an die Juden Europas denken zu dürfen.

Mit dem wachsenden Erfolg des Buches – es liegt heute in verschiedenen Ausgaben in über 500 000 Exemplaren vor – kamen natürlich auch Angriffe. Etliche aus den ehemaligen jüdischen »Witzzentren« – also Wien, Berlin etc. – aus der Feder jüdischer Kollegen. Sie übersahen unter anderm, daß es hierfür ziemlich solider Kenntnisse der jüdischen Geistestradition bedarf.

Andere Einwände kamen von traditionsentfremdeten Juden Mitteleuropas. Bei ihnen erweckte der scharfe selbstkritische Akzent des jüdischen Witzes Unbehagen. Sie sahen darin einen Ausdruck von jüdischem Selbsthaß und Aufforderung zu Antisemitismus. Sie hätten erstens wissen müssen, daß es im allgemeinen nicht die Selbstkritik ist, die den Haß des Außenstehenden provoziert, sondern das Selbstlob. Und daß zweitens diese harte Selbstbeurteilung kennzeichnend ist für das jüdische Schrifttum seit Anbeginn, also schon für die Bibel. Härter als Moses hat keiner zum jüdischen Volk gesprochen. Und was ginge uns z. B. heute die jüdische Königsgeschichte noch an, wenn sie nicht von der rücksichtslosen Kritik der Propheten geprägt wäre?

Es ist daher auch kein Zufall, daß von traditionsverbundenen Kennern des jüdischen Schrifttums in hebräischer und aramäischer Sprache keine Proteste gegen das Buch kamen, sondern umgekehrt zahlreiche wertvolle Anregungen, die ich für die späteren Ausgaben auswerten konnte.

Indes war einer der Vorwürfe gegen meine Sammlung nicht ganz unbegründet: der Hinweis darauf nämlich, daß die Witzwirkung gemindert wird, wenn man so, wie ich es getan hatte, die Witze mit Erklärungen einzelner Begriffe aus dem jüdischen rituellen und kultischen Leben und jiddischer Ausdrücke unterbricht.

In der Tat entwickelt der Witz seine volle Schlagkraft nur, wenn er unmittelbar und kommentarlos genossen werden kann. Es fragt sich nur: Was hätte ich tun sollen? Sollten wirklich Wörter wie Schabbes, Jom Kippur, trefe, Rebbe, nebbich, Nekome etc. unerklärt im Witztext stehen und nur hinten im Buch in einem Glossar übersetzt und expliziert werden? Aber wer schlägt schon gerne dauernd nach, wenn er Witze liest!

Eine Möglichkeit wäre es gewesen, solche Begriffe nur zu erklären, wenn sie das erste Mal im Text auftauchen. Aber Witze sind ja kein zusammenhängender Roman. Der Leser muß die Möglichkeit haben, das Buch an einer beliebigen Stelle aufzuschlagen und zu verstehen, statt es brav von Anfang bis Ende durchzulesen.

Daher sind auch in der neuen Ausgabe spezifisch jüdische Ausdrücke meist in den Witzen selbst erklärt. Von dem Prinzip weiche ich nur ab, wenn mehrere Witze nacheinander denselben Ausdruck – etwa Schadchen (Heiratsvermittler) – enthalten. Daher sind die Ausdrücke außerdem noch alphabetisch in einem kleinen Glossar am Ende des Buches zusammengestellt.

Natürlich hätte ich auch davon ausgehen können, daß die meisten Liebhaber des jüdischen Witzes solche Ausdrücke ohnehin kennen. Vor der Hitlerzeit hätte das in der Tat gestimmt. Damals gab es nicht nur große jüdische Gemeinden inmitten der christlichen Welt, sondern – vor allem in Altösterreich – auch sehr viele Christen, die den jüdischen Ritus und Kultus kannten und sogar Jiddisch nicht nur verstanden, sondern auch selbst beherrschten. Damals konnte es durchaus vorkommen, daß ein christlicher adliger Wiener Offizier seine Soldaten in Galizien anschrie: »Das war kein Parademarsch – das war eine Lewaje (Leichenzug)!« und daß die meisten Soldaten das auch wirklich verstanden. Damals unterhielten sich z. B. am deutschen Gymnasium in Tschernowitz, wo ein volles Drittel der Einwohner jüdisch war, sogar die antisemitischen deutschen Schüler mit ihren jüdischen Kameraden in den Pausen jiddisch, rezitierten mit ihnen um die Wette die sehr witzigen jiddischen Parodien der Balladen von Schiller und Goethe. Aus diesem Kreis jedoch gibt es heute nur noch wenige Überlebende. Ich muß daher die »Witzminderung« durch häufige Kommentare in Kauf nehmen.

Indes erklärt sich der Erfolg des Buches nicht nur aus der momentanen politischen und psychischen Situation in Mitteleuropa. Der jüdische Witz ist formal und inhaltlich jedem anderen Volkswitz überlegen.

Und zwar aus folgenden Gründen: Witz im allgemeinen erklärt Sigmund Freud als die letzte Waffe des völlig Wehrlosen. Voraussetzung hierbei ist allerdings, daß der Betreffende sein Leid nicht als Gottesschickung empfindet, mit der man sich innerlich protestlos abzufinden hat. Daher auch die relativ spärliche Witzliteratur der Juden im Mittelalter, als sie noch alle gläubig waren. Man lachte wohl über Einfaltspinsel, über Geizhälse, über zudringliche Schnorrer, über gefräßige, arme Talmudstudenten, und vor allem auch über religiöse Ignoranten, oder man erzählte

sich mehr oder weniger witzige Anekdoten über weise Rabbis. Doch fehlt dem Witz jener Zeit die letzte Bitterkeit und Schärfe, die ihn dann in der Neuzeit stigmatisiert.
Erst, als die Glaubensketten rosteten und brachen, trieb der Witz der Juden seine stachligen Blüten in voller Üppigkeit. Jetzt zielt und schlägt er nach allen Richtungen. Er rechnet hart mit den Verfolgern der Juden ab. Denn jetzt sind die Verfolgungen nicht mehr eine Gottesgeißel, eine göttliche Strafe für jüdische Sünden, sondern sinnlose Grausamkeit.
Ebenso scharf wendet sich der Witz jetzt aber auch gegen das lastende, komplizierte Religionsgesetz. Beschwerlich war es zwar immer gewesen, aber sogar die chassidischen Wunderrabbis, die sich anfänglich wenig um rituelle Gebote kümmerten, wußten, daß das jüdische Volk, im Exil verstreut, ohne solche Sondergesetze nicht überleben würde. Daran konnte keine »Aufklärung« etwas ändern. Aber den neuzeitlichen Juden, die das Religionsgesetz angriffen, lag eben am Fortbestand des jüdischen Volkes zu wenig, als daß sie sich deswegen Unbequemlichkeiten hätten auflasten wollen.
In seinem Protest gegen äußeren Druck und innere harte Gesetzgebung hat der jüdische Witz natürlich eine gewisse Ähnlichkeit mit dem Witz aller unterdrückten Völker oder sozialen Gruppen. Doch da bleibt ein wesentlicher Unterschied: Nirgends außer in der traditionsgebundenen jüdischen Welt waren fast ausnahmslos alle Männer solide geschulte Religionsgelehrte, regelrechte Scholastiker. Die jüdischen Knaben lernten schon sehr früh hebräisch und lasen die Bibel im Originaltext. Mit acht bis neun Jahren konnten sie auch schon Aramäisch und studierten den Talmud, der neben leicht faßlichen Gleichnissen und Anekdoten in erster Linie komplizierte Kommentare zum Bibelge-

setz enthält, sie detailliert und scharfsinnig erläutert. Das schult die Denkkraft und das Formulierungsvermögen. Und dieser gedankliche und formale Schliff ging eben auch in den jüdischen Witz ein, gab ihm eine Brillanz und Schärfe, die ihresgleichen suchen.

Und mit diesem einzigartigen Denk- und Sprachinstrument gingen die neuzeitlichen Juden nun an alle Probleme des modernen jüdischen Lebens heran. Die politische Rechtlosigkeit der Juden Osteuropas, ihre Unterdrückung und die damit verbundene herzzerreißende Armut wurde aufs Korn genommen und die zaristischen Judenpogrome. Ebenso fragwürdig erschien aber die konditionslose Anerkennung der rabbinischen Autoritäten, die in der jüdischen Gemeinschaft bisher nicht nur als Religionsgelehrte, sondern auch als Schiedsrichter in rein weltlichen Fragen amtiert hatten. Verspottet wurden natürlich auch die chassidischen Wunderrabbis samt ihren armen, wundergläubigen Anhängern. Nicht minder scharf traf der Hohn aber jene Juden, die sich aller jüdischen Lasten zu entledigen suchten, indem sie zum Christentum überliefen oder sich gewaltsam und unorganisch an die nichtjüdische Umwelt assimilierten und sich dabei aus mangelnder Milieukenntnis dauernd lächerlich machten.

Überquellender, heiterer Spott trifft auch die Heiratsvermittlung. Liebesehen hatte es bei den Juden der sozialen Oberschicht zwar auch vorher nicht gegeben. Dennoch hatte der Witz hierzu geschwiegen. Mit gutem Grund. Die Juden waren, wenn sie im Exil als Volk nicht untergehen wollten, auf eine geistig-religiöse Führungsschicht angewiesen. Es war daher nichts Komisches daran, wenn die geistig begabten Religionsgelehrten sich immer wieder miteinander verschwägerten und so die notwendige Führungsschicht buchstäblich »züchteten«.

Seit dem 19. Jahrhundert aber war der »Heiratsmarkt« weitgehend kommerzialisiert. Es fanden sich nicht mehr hochbegabte Sippen zusammen, sondern hohe Mitgiften und günstige kaufmännische und akademische Positionen. Ein unerschöpfliches Reservoir für den Witz in tausend Varianten!

Überhaupt wird die Anbetung des Mammons im jüdischen Witz mit ätzender Schärfe attackiert. Zwar waren die Juden im Mittelalter in der christlichen Welt gesetzlich gezwungen, sich ausschließlich dem Geldgeschäft zu widmen. Nur weil die Christen das biblische Zinsverbot damals noch innehielten und folglich die Juden als einzige Bankiers notwendig brauchten, duldeten sie überhaupt jüdische Gemeinden in ihrem Umkreis. Und bei manchen Juden kam es ohne Zweifel auch zu der im Witz verhöhnten »Deformation professionnelle«, dem exklusiven Gelddenken.

Indes stammt das Zinsverbot ja ursprünglich nicht aus dem Neuen, sondern aus dem Alten Testament. Solange die Juden – so wie die Christen im Frühmittelalter – im eigenen Land in einer vorwiegend agrarischen Welt lebten, hatten sie es ja auch eingehalten. Erst im Exil, in den Städten, in einer kaufmännischen Umwelt haben sie es dann notwendigerweise aufgeben müssen, genau wie auch die Christen es dann in der Neuzeit taten.

Doch lag die exklusive Beschäftigung mit dem Geld der Majorität der Juden wenig. Und eben diese Tatsache manifestiert sich in den wütenden Ausfällen des jüdischen Witzes gegen rein kommerzielles Denken, zu dessen Karikierung der jüdische Witz sogar eine eigene Kinderfigur erfunden hat: Moritzl, der die ganze Welt nur unter kaufmännischen Aspekten begreift. Dabei ist zu beachten, daß es solche Moritzls wenigstens in der traditionsgebundenen

Gesellschaft der Ostjuden, wo jeder Knabe zunächst einmal, egal, was er später treiben wollte, zum Religionsgelehrten erzogen wurde, überhaupt nicht geben konnte. Dennoch ist Moritzl eine jüdische und nicht eine antisemitische Erfindung.

Antisemitischer Herkunft hingegen sind die Witze, die den Juden mangelnde Reinlichkeit nachsagen. Das Ritualgesetz schreibt sowohl für Männer wie für Frauen bei ganz bestimmten, häufigen Anlässen Tauchbäder in fließendem Wasser vor. Zu jener totalen Verschmutzung, wie sie auch in der hohen Gesellschaft der Nichtjuden zur Zeit des Rokoko selbstverständlich war, konnte es bei frommen Juden also nicht kommen. Indes haben die Juden auch diesen Witz aufgegriffen und formal geistvoll überarbeitet.

Eminent jüdisch auch in inhaltlicher Hinsicht ist dagegen wieder der Witz, der sich mit der jüdischen Hypochondrie beschäftigt, mit der Unsitte, dauernd medizinische Kapazitäten zu konsultieren und ihre Ratschläge mit religiöser Hingabe zu befolgen. Woher diese bei den Juden in der Tat häufige Neigung kommt, ist schwer zu sagen. Vielleicht ist solche eingebildete Lebensgefährdung eine Folge der fast ständigen realen Gefährdung durch die feindliche Umwelt.

Zeitlos und im Grunde nicht weiter jüdisch ist hingegen der erotische Judenwitz. Aber auch er profitiert, genau wie der Hygienewitz, vom Talmudschliff seiner Schöpfer.

Die meisten dieser Witzkategorien gehören heute der Vergangenheit an. Dennoch ist der jüdische Witz noch nicht ganz tot. In Amerika hält sich als Variante auf die Hypochonderwitze der Witz, der um den Psychoanalytiker und seinen Patienten kreist. Der vergottete geschäftliche »Success« ist ein weiteres Thema des dortigen Judenwitzes.

Auch aus dem heutigen Osteuropa sind mitunter noch neue jüdische Witze zu hören. Sie klagen und trauern darüber, daß die Armut, Ungerechtigkeit und Unterdrückung im marxistischen »Wirtschaftsparadies« genauso blühen wie zuvor im zaristischen Rußland. Und sie nehmen den neuen Antisemitismus der Oststaaten aufs Korn. Denn unvergessen sind noch die Parolen, wonach der Antisemitismus ein Auswuchs des verrotteten Kapitalismus sei und unter dem marxistischen Banner nicht mehr aufkommen könne. Daß er sich als Antizionismus politisch tarnt, macht das Leid der Betroffenen Juden im heutigen Osteuropa nicht leichter.

Inhaltlich ganz andere Witze kommen in großer Zahl aus Israel. Offenkundig sind sie durchweg noch von den alten Einwanderern aus Europa formuliert. Die Juden aus arabischen Ländern haben auch in der Vergangenheit, aus Gründen, auf die wir hier nicht eingehen können, den Witz als Waffe nie entwickelt, wie schlecht es ihnen auch gehen mochte. Und die jungen Israelis – die eingeborenen »Sabres« (= Stachelkaktus) – entfalten keinen Witz, weil sie ihn kaum noch brauchen. Sie haben wieder die Möglichkeit, sich, wie ihre biblischen Vorfahren, mit der Waffe zu verteidigen.

Die ersten Israelwitze resultieren aus dem spassigen Versuch, den jungen Israeli genau so zu zeichnen wie den gedrückten armen Ghettojuden Europas, also ängstlich im Krieg und sogar schon Hunden gegenüber. Man lachte, weil das nicht wahr war.

Dann kam die Welle der Witze, in welcher die verschiedenen Landsmannschaften sich gegenseitig verspotten, genau wie der Berliner den Bayern und umgekehrt. Im Grunde ist diese Art Witz nicht spezifisch jüdisch, auch wenn er ausschließlich von Juden handelt.

Als dritte Welle kamen Witze über die wuchernde Bureaukratie Israels und über neue Konflikte: diesmal zwischen Juden Europas und Arabiens.

Und natürlich gibt es bei den Juden, wie bei allen demokratischen Völkern, die den Staatsoberhäuptern gegenüber Kritik empfinden, Witze über alle prominenten Politiker Israels.

Diese letzteren Witze wird es eine Zeitlang vielleicht noch geben. Indes fragt es sich, wie lange. Denn dem israelischen Nachwuchs fehlt nicht nur ganz allgemein die von Freud charakterisierte witzezeugende Notsituation und Wehrlosigkeit, sondern vor allem auch der Talmudschliff der Vorfahren vor allem in Osteuropa.

Dieser Schliff fehlt allmählich auch den Juden Rußlands, denn religiöse Studien sind ihnen durch den Staat verboten, und nicht minder jenen Amerikas, wo die weniger Frommen oft ganz freiwillig auf judaistische Ausbildung verzichten. Nur bei den fanatisch Frommen – vor allem bei den kleinen Gruppen chassidischer Sektierer – wird das Talmudstudium noch von der ganzen männlichen Jugend im alten Stil betrieben. Wir hörten aber schon, daß der wirklich Gläubige – und zu ihnen zählen die Orthodoxen so gut wie die Chassiden – sein Leid nicht im Witz artikuliert.

Aber außerdem fehlt sowohl den Israelis, wie auch den russischen und amerikanischen Juden allmählich noch ein weiteres wesentliches Element des jüdischen Witzes: die Jiddische Sprache. Sie ist zwar kein ursprünglich jüdisches, sondern ein germanisches Idiom, entstanden aus dem mittelalterlichen Deutsch der Juden, die im Spätmittelalter vor den Verfolgungen in Deutschland ostwärts flohen und dort ihre Sprache mit semitischen und slawischen Elementen anreicherten. Aber die dauernde Talmudschulung hat dem

Jiddisch eben doch eine Prägnanz und Schärfe verliehen, die man in europäischen Idiomen sonst vergeblich suchen wird. Seine volle Brillanz verliert der ostjüdische Witz bei der Übersetzung in eine rein europäische Sprache...
Hiermit sehen wir uns mit einem weiteren Problem bei der Wiedergabe des jüdischen Witzes konfrontiert. In Osteuropa wurde er natürlich jiddisch kolportiert. Soll man sich also damit begnügen, den jiddischen Text, der normalerweise mit hebräischen Lettern geschrieben wird, mit lateinischen Buchstaben wiederzugeben? Das ist auch schon geschehen, aber es hat sich erwiesen, daß solche Ausgaben, auch wenn man alle semitischen und slawischen Ausdrücke des Textes eigens erklärt, selbst dem Kenner der mittelhochdeutschen Sprache schwer verständlich bleiben. Außerdem wurde der jüdische Witz etwas weiter westlich – also in Deutschland und auch schon in Wien – oft nicht mehr Jiddisch, sondern in einem Mischidiom aus dialektgefärbtem, lokalem Deutsch und Jiddisch erzählt. Künstlich läßt sich ein solches Idiom nicht herstellen. Soweit mir aber die Witze in Leserbriefen oder alten Sammlungen noch in dieser untergegangenen Sprachform vorlagen, habe ich sie wortgetreu übernommen.
Der Rest der Witze in meiner Sammlung figuriert in mehr oder weniger reinem Deutsch, obwohl hierbei unbestreitbar etwas vom Reiz des Originals verloren geht.

Seit 1968 ist das Buch sowohl in gebundener wie in Taschenbuchausgabe unverändert immer wieder neu aufgelegt worden. Im Laufe der Jahre habe ich von Lesern aus buchstäblich aller Welt weitere zahlreiche, sehr gute Witze erhalten. Außerdem ist es mir – ebenfalls mit Hilfe von Lesern, zum Teil aus den Oststaaten – gelungen, längst verschollene Witzsammlungen aus der Zeit vor dem Ersten

Weltkrieg aufzutreiben. Im Gegensatz zu den gleichfalls längst vergriffenen jiddischen und hebräischen Sammlungen waren diese auch an keiner Bibliothek mehr auftreibbar.
In freundlichem Einvernehmen mit dem Walter-Verlag lege ich diese Nachlese in einem separaten Band im Herbig-Verlag dem Leser vor. Den jüdischen Witz in seiner alten klassischen Form wird es nicht mehr lange geben. Es lohnt daher, alles, was sich von ihm noch auffinden läßt, zu sammeln und zu drucken.

Die Liste sämtlicher Spender von Witzen ist dem Band ebenfalls beigefügt. Es wäre zu mühsam gewesen, nur jene herauszusuchen, deren »Gaben« im vorliegenden Buch figurieren. Außerdem aber hat es sich erwiesen, daß sich die Liebhaber des jüdischen Witzes über alle Kontinente hinweg zum Teil kennen. Manche haben sich in den Hitlerjahren aus den Augen verloren. In meiner »Spenderliste« fanden sie sich wieder. In einem Fall kam es sogar zur Heirat zwischen einem jüdischen Auswanderer nach Übersee und seinem »arischen« Schulschatz, nach welchem er im jetzigen Ostteil Deutschlands nach Kriegsende vergeblich gesucht hatte. Die Dame war nach Westdeutschland geflüchtet... Möge die Spenderliste auch weiterhin nicht nur als Ausdruck meiner Dankbarkeit, sondern als Treffpunkt der Liebhaber des jüdischen Witzes ihren Sinn erfüllen!

Salcia Landmann

Aus der Kille

Ein ungläubiger Jude kam zum frommen Rabbi in irgendeiner Angelegenheit, traf ihn beim Morgengebet und mußte recht lange warten, bis der Rabbi fertig war.
»Wozu die Pedanterie?« fragte der Besucher, »fürchten Sie Gott?«
»Ich fürchte«, sprach der Rabbi, »erstens Gott und zweitens vor allem jene, die ihn nicht fürchten.«

Ein Kleinstadtrabbiner bestellt sich bei einem begabteren Kollegen für jeden Freitag abend die fertige Predigt. Einmal trifft die Predigt nicht rechtzeitig ein, worauf sich der unglückliche Rabbi vor Verzweiflung krank meldet und ins Bett legt.
Der besorgte Gemeindevorstand drängt den Doktor, den Rabbi aufzusuchen. Der aber ahnt die Zusammenhänge und weigert sich, seine Zeit mit einer Visite beim Rabbi zu verschwenden. Schließlich läßt er sich doch zum Krankenbesuch überreden. Der Gemeindevorstand wartet vor der Tür des Rabbi auf den Bericht.
Der Doktor kommt aus dem Haus und erklärt: »Meine Herren – Sie können ganz ruhig sein. Unser Rabbinerchen – nu, es hat nichts zu sagen.«

Manche chassidischen Wunderrabbis bedienten sich bei ihren Wundertaten nicht nur verschiedener Sprüche, Amulette und Talismane, sondern auch kabbalistischer Techniken. Eine davon beruht darauf, daß Buchstaben im Hebräischen mit Zahlen identisch sind. Aus dem Zahlenwert eines Wortes gewinnt der Kabbalist mystische Schlüsse oder Zauberformeln.

Ein Chassid, ein reicher Holzhändler, kommt zu seinem Wunderrabbi:

»Rabbi, ich muß große Quantitäten Holz liefern, kann sie aber nur bei Schnee transportieren – und Ihr seht! Es hört in diesem Spätherbst nicht auf zu regnen!«
Der Rabbi denkt nach und erklärt: »Ihr müßt 333 Rubel spenden, das ist der Zahlenwert des Wortes Scheleg (hebräisch = Schnee).«
Der Chassid bringt dem Rabbi die verlangte Summe und legt sogar noch 10 Rubel als Geschenk für die Rebbezen – Frau des Rabbi – bei.
Nach einer Weile kommt er wieder zum Rabbi und klagt: »Rabbi, Ihr habt mir doch für 333 Rubel Schnee versprochen – und es regnet immer noch!«
»Da seid Ihr selber schuld«, erklärte der Rabbi, »Ihr habt statt 333 Rubel 343 Rubel gebracht – und 343 ist der Zahlwert von Geschem (Regen)!«

Russisch Polen. Bruchband, dick wie ein Faß, kommt zum Wunderrabbi und bittet um einen Rat, wie er abmagern könnte.
»Geh nach Marienbad!« sagt der Rabbi.
Bruchband steht nach vier Wochen wieder vor dem Wunderrabbi:
»Rebbe, Ihr habt doch gesagt, Marienbad wird mir helfen. Und nun schaut mich an! Ich bin noch dicker geworden!«
»Nu – hast du denn meinen Rat befolgt? Ich hab gesagt: *Geh* nach Marienbad! Bist du etwa gegangen? Du hast dich in den Zug gesetzt und bist gefahren!«

In Notlagen pflegen die Juden Psalmen zu rezitieren. Ist die Situation besonders schwer, dann tut man es nicht nur selbst oder durch einzelne Stellvertreter, sondern durch eine ganze Zehnergemeinde.

Jossels Frau liegt seit vollen zwei Tagen in Wehen.

Verzweifelt eilt Jossel zur Synagoge und bietet gegen ein gutes Trinkgeld zehn Juden zum Psalmenbeten auf.
Als er heimkommt – ist die Frau mit einem gesunden Jungen niedergekommen. Der Jude ist ganz glücklich.
»Maseltow (Viel Glück)!« gratuliert die Hebamme, »die Psalmen haben geholfen!«
Es vergeht keine halbe Stunde – da kommt die Frau mit einem zweiten Jungen nieder.
»Die Psalmen wirken Wunder!« ruft die Hebamme entzückt aus.
Nach einer weiteren halben Stunde ist ein dritter Junge da...
Jossel rennt zur Synagoge so schnell er kann und schreit, ganz außer Atem:
»Sofort aufhören mit Psalmenbeten!«

Für »studieren« sagt man im Jiddischen »lernen«. –
Das religiöse Schrifttum der Juden ist so umfassend, daß auch gewiegte Religionsgelehrte sich seinem Studium lebenslänglich widmen müssen.

Ein Dorfjude kommt zum Rabbi in die Stadt mit einem Anliegen. Der Rabbi ist nicht in seinem Amtszimmer.
»Wo ist der Rebbe?« fragt der Dorfjude.
»Er sitzt im Bejss-Medresch (Lehrhaus) und lernt«, sagt die Rabbinerin.
Der Dorfjude wundert sich: »Er lernt? Erst jetzt lernt er? Können sie sich in der Stadt nicht einen ausgelernten Rabbiner leisten?«

Gewisse rituelle und kultische Pflichten – etwa das Aufsagen der Totengebete oder das Rezitieren von Psalmen in Notlagen – kann man einer Zweitperson auftragen. In den jüdischen Gemeinden des Ostens standen hierfür die Batlanim – fromme arme Müßiggänger – gegen ein bescheidenes Trinkgeld jederzeit zur Verfügung. Natürlich kann man sich nicht etwa vom Fasten auf diese Weise dispensieren. Das geht schon deshalb nicht, weil die jüdischen Fasttage im Kalender genau festgelegt sind, so daß der Batlan an diesem gleichen Tag ja ohnehin fasten muß. Im jüdischen Witz kommt es dennoch vor.

Kommerzienrat Bamberger läßt kurz vor Jom Kippur, dem strengsten Fasttag, den Batlan Simche zu sich kommen, auf den er seit Jahren seine sämtlichen rituellen Pflichten abwälzt und sagt zu ihm: »Da habt Ihr 5 Kronen, genau wie im Vorjahr, damit Ihr wieder für mich fasten sollt.«
»Für 5 Kronen kann ich dieses Jahr nicht mehr fasten«, sagt Simche, »dieses Jahr kostet es 10 Kronen.«
»Was ist auf einmal los?« fragt Bamberger verwundert.
»Nu«, erklärt Simche, »die Lebensmittel sind doch aufs Doppelte gestiegen.«

Simche hat von drei Kunden »Fastengeld« für Jom Kippur einkassiert und auch tatsächlich den ganzen Tag über brav gebetet und gefastet.
Einer der drei Kunden lädt ihn am Abend nach dem Fasttag zum üblichen Festmahl ein. Simche läßt sich nicht lange bitten.
Der Gastgeber schaut eine Weile verwundert zu, mit welcher Geschwindigkeit Simche die leckeren Speisen in sich hineinschlingt und sagt dann anerkennend:
»Ihr fastet für drei, Simche, aber Ihr freßt eindeutig für sechs.«

Der alte Lewy liegt im Sterben. Fromme Juden kommen herein und rezitieren nach altem Brauch gemeinsam die Sterbegebete. Da sie den Text auswendig können, babbeln sie ihn blitzschnell herunter.
Da hebt Lewy mühsam seinen Kopf vom Lager und sagt streng: »Jagen laß ich mich nicht! Fangt noch einmal von vorne an!«

Ein Chasen hat in einer kleinen Gemeinde an den hohen Feiertagen gastiert. Nach dem Gottesdienst macht er dem Rabbi seine Aufwartung.
»Sie haben eine schöne Stimme«, lobt der Rabbi, »vor allem aber bewundere ich Ihr brillantes Gedächtnis.«
»Mein Gedächtnis?« wundert sich der Chasen.
»Nu ja, wie Sie vor zehn Jahren hier gastiert haben, haben Sie die genau gleichen Fehler gemacht.«

»Ich glaub an gar nix! Ich geh in kein' Tempel, ich tu was ich will, ich arbeit' am Schabbes ... Nur am Jom Kippur, da fast' ich natürlich ...«
»Ich denk, du glaubst an keinen Gott?«
»Nu ja, ich könnt' mich ja schließlich irren.«

Der arme fromme Srulke erfährt, daß Kadischewitz, der größte und reichste Geizhals des Städtchens, in der Lotterie den Haupttreffer gemacht hat.
Srulke hebt die Augen zum Himmel und sagt: »Lieber Gott, täglich bete ich zu Dir um Brot für meine Kinder – und Du hast mich nicht erhört! Aber diesem reichen Geizhals gibst du! Nun – eine Nekome (Genugtuung, Rache) habe ich: Du hast dein Geld schlecht angelegt!«

Meschulem, der Schneider, klagt: »Die Geschäfte gehen bei mir so schlecht – da kann nur noch der Messias helfen!«
»Wieso ausgerechnet der Messias? Was hat er mit dem Schneidergewerbe zu tun?«
»Nun – wenn der Messias kommt, werden alle Toten auferstehen, und sie alle brauchen Kleider!«
»Du vergißt bloß, daß dann alle Schneider ebenfalls mit auferstehen werden!«
»Davor habe ich keine Angst! Die haben doch keine Ahnung von der neuen Mode!«

In einer ostjüdischen Gemeinde war es alte Sitte, dem neu engagierten Religionslehrer jeweils hundert Gulden als Begrüßungsgeschenk anzubieten. Im Lauf der Zeit war die Gemeinde aber so verarmt, daß die Schenkung zu einer leeren Geste herabsank.
Als wieder einmal ein neuer Lehrer engagiert wurde, kam eine Delegation zu ihm und sagte: »Wir bringen Ihnen ein kleines Präsent. Seien Sie so großmütig wie Ihr Vorgänger – er hat es nicht angenommen.«
Der Lehrer aber griff eilig zu und sagte gerührt: »Ich will gern alles tun, um meinem Vorgänger zu gleichen. Aber bedenken Sie: Mein Vorgänger war ein großer Mann, ein heiliger Mann, ein unnachahmlicher Mann!«

Freitag abend. Rosenbaum liest am Anschlagpfosten der Synagoge die Ansage: ›Sabbat morgens Predigt über die große Flut und ihre Folgen‹.
Rosenbaum geht auf den Rabbiner zu und sagt artig: »Leider bin ich verhindert, morgen zu Ihrer Predigt zu kommen. Aber glauben Sie ja nicht, daß ich mich um meine moralischen Pflichten herumdrücken will! Ich spende 50 Dollar für die Opfer der großen Flut!«

Der Talles, der jüdische Gebetmantel, ist hell und hat am Rand dunkle breite Streifen. –
Moritzl geht mit der Mutter in den Zoo. Vor einem Zebra bleibt er entzückt stehen:
»Schau, Mama, ein jüdisches Pferd!«
»Wie kommst du auf den Unsinn?«
»Es trägt einen Talles genau wie Papa!«

Volkstümliche Ausgaben von religiösen Schriften der Ostjuden waren manchmal sehr naiv bebildert: die biblischen Patriarchen trugen die ostjüdische Tracht, also Kaftan und Straimel (sabbatliche Samtmütze mit Pelzrand).

Der reiche Halpern hat seine Tochter mit einem Jüngling verheiratet, der sich für einen großen Talmudgelehrten ausgibt. Halpern ist nicht in der Lage, die Kenntnisse des Schwiegersohns zu überprüfen, und als sich dieser mit Hinweis auf seine Gelehrtheit weigert, dem Broterwerb nachzugehen und auf Kosten des Schwiegervaters leben und den ganzen Tag über nur in seinem Stübchen religiöse Studien betreiben will, gibt Halpern eingeschüchtert nach.

Manchmal kommt der Schwiegervater ins Zimmer des jungen Mannes, um ihn zu besuchen – immer findet er ihn über dem Titelblatt eines Buches brütend, auf welchem Moses abgebildet ist.

»Nu – was hast du ausgeklärt?« fragt er den Jüngling.

»Ich klär«, berichtet dieser, »wenn es is Winter – farwos geht Mosche Rabbenu (unser Meister) barfuß? Und wenn es is Sommer – farwos trogt er den Straimel auf dem Kopf?«

Der Rabbiner sitzt im Theater. Eines Defektes wegen geht die Courtine nicht hoch, sie bleibt auf halber Höhe stecken, und man sieht nur die Beine der Schauspieler.

»Genau wie meine Kille (Gemeinde)!« seufzt der Rabbi, »eine Menge Füß und kein einziger Kopf!«

Ein reicher Jude in Hommona wollte gern Vorstand der Kultusgemeinde werden, genierte sich jedoch, seinen Wunsch offen zu äußern. Die Bürger dachten aber nicht daran, ihm die Ehrenposition anzubieten. Da beschloß er, indirekt den Rabbiner auf seinen Wunsch aufmerksam zu machen.

Er kam also zum Rabbi und fing an: »Rebbe, im Talmud steht doch geschrieben: ›Wer nach der Größe jagt, vor dem flieht sie‹ und: ›Wer vor der Größe flieht, dem jagt sie nach‹. Ich bin vor der Größe geflohen – warum jagt sie mir nicht nach?«
Der Rabbiner begriff sofort, worauf der Jude anspielte, und erklärte: »Das ist sehr einfach: Wenn du weißt, daß du vor der Größe geflohen bist, beweist du eben dadurch, daß du nicht ernsthaft vor ihr geflohen bist.«

In der jüdischen Kultusgemeinde von Neutra fanden Neuwahlen statt. Eine Anzahl primitiver Aufkömmlinge setzte sich hierbei gegen die alten respektablen Ehrenbürger durch.
Als die Neugewählten dem Rabbi ihre Aufwartung machen wollten, sah er sie lange der Reihe nach an und meinte dann:
»Wißt ihr, was der Unterschied ist zwischen einer Papierfabrik und Neuwahlen?«
»Nu?«
»Bei der Fabrik gibt man Lumpen hinein, und es kommt Papier heraus. Bei den Wahlen gibt man Papier hinein, und es kommen Lumpen heraus.«

Fromme Juden legen Wert darauf, neben berühmten Rabbis begraben zu werden.
Um die freie Grabstätte neben dem frisch verstorbenen Rabbiner entbrannte in einer ostjüdischen Gemeinde zwischen zwei reichen Juden ein heftiger Streit. Alle Ehrenbürger versuchten, zu schlichten – vergeblich! Die beiden Herren tobten weiter.
Schließlich brachte man den Streitfall vor den neuen Rabbiner. Der dachte ein Weilchen nach und entschied:

»Das Grab gehört jenem von den beiden, der als erster stirbt.«
Diesmal erhob keiner der beiden Einwände.

Der Vorsteher der Chewra Kadischa (Beerdigungsgesellschaft) hat Dispositionen getroffen, die einigen Herren in der Gemeinde nicht gefallen. Eine Delegation trifft daher bei ihm ein, um sich zu beklagen.
Stolz weist er sie ab mit den Worten: »Was wollen Sie! Ich allein habe das Recht, hier zu disponieren! Ich kann begraben lassen, wann ich will, wo ich will, wie ich will und wen ich will!«

In der Versammlung der Kultusgemeinde ging es so lärmig zu »wie in der Judenschul«.
Da erhob sich der Vorsitzende und sprach: »Wenn die Herren, welche reden, nicht mehr Lärm machen wollten als die Herren, welche schlafen, dann wäre es für die Herren, welche zuhören wollen, sehr angenehm.«

Mordechai Rubinfeld ist Präsident des Comités der hebräischen Schule und unterstützt sie großzügig. Einmal im Jahr wohnt er dem Unterricht bei. Er macht das so, daß er sich in jeder Klasse nur die Antworten eines einzigen Schülers anhört und dann in den nächsten Schulraum geht.
Ein Lehrer wendet ein: »Wollen Sie nicht lieber mehrere Schüler pro Klasse anhören? Auf diese Weise bekommen Sie ja keinen richtigen Eindruck!«
»Nein, wozu?« meint Rubinfeld, »ich mache es hier einfach so wie in meinem Laden. Ich öffne ein Heringfaß und nehme einen Hering heraus – ist er gut, dann weiß ich: Alle andern sind auch gut.«

Die Kultusgemeinde hat ein neues Schlachthaus erstellen lassen. Festliche Besichtigung durch den Kultusvorstand. Einer der Herren meint mißtrauisch:
»Ist das Tor nicht ein wenig zu eng?«
»Was fällt Ihnen ein!« protestiert Reb Awrom, der Präsident, »schauen Sie doch her! Geh ich nicht mühelos durch's Tor? Und gibt's einen größern Ochsen als mich?«

Der Vorsteher der Kultusgemeinde von Dukla stand im Verdacht, Gemeindegelder für sich verwendet zu haben.
Einmal verschlang sein Kind eine Heller-Münze und war dem Ersticken nahe. Nur mit schwerer Mühe konnte es vom Arzt gerettet werden.
Da meinten die Juden von Dukla: »Ein wahres Wunder! Der Papa schlingt jährlich Tausende von Dukaten herunter wie nichts – und das Söhnchen beginnt schon bei einem Heller zu würgen!«

Aus einem unerfindlichen Grund galten die Juden der ungarischen Stadt Neutra als Diebe.
In Neutra soll sich ein neuer Rabbinatskandidat vorstellen. Gleich nach seiner Ankunft wird in der jüdischen Pension, in der er abgestiegen ist, sein Koffer aufgebrochen und teilweise geplündert.
Als er bei der Probepredigt hinter dem Rednerpult auftaucht, erscheint er riesenhoch, obwohl er an sich klein von Wuchs ist.
»Meine lieben Juden!« beginnt er, »ihr wundert euch sicher, daß ich plötzlich so groß erscheine? Das ist ganz einfach zu erklären: Wenn ich wo anders predige, stelle ich mich bei meinen Ausführungen auf ein Bibelwort. Bei euch stelle ich mich auf meinen Koffer.«

Der Wanderprediger kommt wieder nach Neutra, dem Diebesnest. Damals wie heute wird in der jüdischen Pension, in der er abgestiegen ist, sein Koffer aufgebrochen und teilweise ausgeraubt.
Der Prediger spricht sehr eindrucksvoll von der Hölle als Strafe für Diebstahl, schildert die Qualen: Hitze, Glut, Flammen . . .
Nach der Predigt kommt ein Jude auf ihn zu und fragt verwundert:
»Rabbi, über die Hölle habt Ihr schon vor fünf Jahren gepredigt. Warum wieder das gleiche Thema?«
»Weil es damals nichts geholfen hat.«
»Schön. Aber damals habt Ihr gesagt, in der Hölle sei es eiskalt und man erstarre vor Frost – und jetzt erzählt Ihr plötzlich, es ist dort kochend heiß?!«
»Nu ja – damals war kalter Winter. Hätte ich gesagt, in der Hölle ist es heiß, dann hättet ihr noch doppelt gestohlen!«

Der Prediger hat lange gepredigt, mit wilden Gesten, aber viel zu leiser Stimme.
»Interessant«, meint einer der Zuhörer, »er predigt mit die Händ und man hört mit die Augen!«

Der Maggid, der Wanderprediger, hat eine feurige Strafpredigt gegen alle jene gehalten, die am heiligen Sabbat den Laden offen halten und Geschäfte machen.
Nach der Predigt kommt Schneurson, der ärgste Sabbatsünder der Gemeinde, auf den Maggid zu und schenkt ihm einen beachtlichen Betrag.
Der Maggid, tief gerührt, hält daraufhin in der nächsten Woche eine zweite Rede, in welcher er über Sabbatvergehen sehr mild und versöhnlich urteilt. Ohne Zweifel wird

ihm Schneurson – so denkt er – jetzt noch weit mehr schenken.
Indes schenkt ihm der Sünder keine Kopeke.
Nach langem Zögern faßt sich der Maggid ein Herz und geht zu Schneurson und fragt ihn, was das bedeute?
Darauf dieser: »Wieso begreift Ihr das nicht? Mit Euren Drohungen habt Ihr meine ganze Konkurrenz so eingeschüchtert, daß außer mir keiner mehr wagte, das Geschäft am Sabbat zu öffnen. Jetzt, nach Eurer zweiten Predigt, werden alle ihre Läden wieder aufmachen.«

Jom Kippur: Strengster Buß- und Fasttag.
»Wie ertragen Sie den Jom Kippur, Herr Kohn?«
»Sehr gut.«
»Kein Kopfweh, keine Übelkeit, kein Schwindelgefühl?«
»Nein.«
»Wie ist das möglich?«
»Ich faste nicht.«

»Nu, Jossl, hast du am Jom Kippur den ganzen Tag nicht gegessen?«
»Bin ich e Vieh, daß ich soll den ganzen Tag essen?«

Bekanntlich ging der Offenbarung der Zehn Gebote am Sinai ein heftiges Gewitter voran. –
Ein Freidenker in Galizien prahlte, daß er nicht einmal Gott fürchte.
Als er nun einmal bei einem heftigen Gewitter am ganzen Körper zu zittern anfing, spotteten seine Freunde: »Gott fürchtest du nicht – und vor ein bißchen Blitz und Donner hast du Angst!«
»Ich fürchte nicht Blitz und Donner«, beteuerte der Freidenker, »ich habe nur bei jedem Gewitter Angst, Gott könnte uns noch zusätzliche Zehn Gebote bescheren!«

Pessach, das Osterfest der Juden, wird zur Erinnerung an den Auszug aus Ägypten gefeiert. Während der acht Pessachtage ißt man statt Brot die Mazzes, die ganz ohne Treibmittel gebacken werden und daher, damit man überhaupt hineinbeißen kann, papierdünn ausgewallt und frisch und knusprig sein müssen.

»Die Mazzes, die Sie mir geliefert haben, sind die reinsten Briketts!«

»Wenn die Juden sie in der Wüste gehabt hätten, wären sie hochzufrieden gewesen.«

»Das glaube ich auch. Damals waren die Mazzes noch frisch.«

Zu Pessach, dem Osterfest wird beim Festmahl die ganze Leidensgeschichte der Juden in Ägypten mit allen Details der Bedrückung durch den Pharao vorgelesen. –

Familie Goldbaum hat den jungen Rabbi zu Tisch geladen. Am andern Tischende sitzt der ›aufgeklärte‹ Sohn des Hauses.

Der Sohn: »Rabbi, wenn der Pharao heute noch leben würde, dann wäre er zu bewundern!«

Der Rabbi, empört: »Wieso zu bewundern?«

Der Sohn: »Weil er dann dreitausend Jahre alt wäre!«

Die ungesäuerte Mazze, die an Pessach statt Brot gegessen wird, ist teurer als gewöhnliches Brot. Ihre Beschaffung bedeutete für arme Juden ein Problem. –

Im ostgalizischen Brody taucht eines Tages ein Missionar bei der jüdischen Gemeinde auf. Aber seine Erfolge sind gleich Null. Entmutigt will er die Stadt verlassen – da meldet sich bei ihm ein sehr frommer, armer, talmudgelehrter Jude.

Der Missionar ist begeistert. Er beschließt, diesen theologisch hochgebildeten Klienten besonders eingehend zu

unterweisen. Der aber legt eine ganz unbegreifliche Ungeduld an den Tag.
»Warum solche Eile?« fragt verwundert der Missionar.
»Wegen Pessach«, erklärt der Jude lakonisch.
Der Missionar wundert sich: »Ich verstehe absolut nicht, was die Taufe mit dem jüdischen Osterfest zu tun hat!«
»Nu, was ist da so schwer zu verstehen«, sagt der Jude ungeduldig, »ich brauche das Taufgeld für die Mazzes!«

Der Genuß von Schinken und überhaupt Schweinefleisch ist den Juden nach mosaischem Gesetz verboten. –
»Rebbe, Sie müssen mir eine Buße auferlegen. Ich habe begangen e Sünd, was bis heut kein Goj und kein Jud je begangen hat!«
»Was hast du getan?!«
»Ich hab gegessen Mazze mit Schinken.«

Fromme Juden dürfen am Sabbat keine Geschäfte machen und nicht einmal Geld anrühren oder bei sich tragen.
Koralnik ist gestorben. Die Nachbarn kommen zur Witwe, um zu kondolieren.
»Ein so frommer Mann!« rühmt einer den Verstorbenen.
»Ja«, seufzt die Witwe, »wahrhaft fromm! Jeden Freitag abend übergab er mir seine Geldtasche zum Wegsperren. Es stimmt zwar, meist hatte er schon am Nachmittag den letzten Heller beim Kartenspiel verloren. Aber das Prinzip, das Gesetz hat er sein Leben lang befolgt!«

Der Rabbi: »Scherenzes, Ihr habt am Sabbat um Geld gespielt!?«
»Ich gebe es zu.«
»Für die Sünde werdet Ihr bezahlen! Zum Beispiel mit einer Spende für die Talmud-Toraschule!«

»Wozu die Buße? Die Sünde hat mich doch bereits 30 Rubel gekostet!«

Am Sabbat darf man kein Feuer anzünden und folglich auch nicht rauchen.

Ein Astronaut landet auf dem Monde. Er will sich eine Zigarre anstecken. Da kommt ein kleiner grüner Mann und brummt etwas. Der Astronaut versteht nicht.
Er versucht nochmals, sich die Zigarre anzustecken, und der kleine Mann gestikuliert wild.
Beim dritten Versuch glückt ihm das Anstecken, aber der kleine Mann schreit: »Schabbes!! Schabbes!!«

Narren

Chelm, eine polnische Kleinstadt, ist das ostjüdische Schilda.

Die Eltern Feuerstein haben ihren Sohn zur Ausbildung in die nahe Kreisstadt geschickt. Die städtische Atmosphäre färbt auf ihn ab – und eines Tages schreibt er an seine Eltern statt in hebräischen in lateinischen Buchstaben.

Die Eltern sind ratlos. Sie können die Schrift nicht lesen. Da beschließen sie, auf der Straße den nächsten besten Fremden um Hilfe anzugehen.

Sie gehen vors Haus und fangen einen dicken großen Passanten ab: »Könnt Ihr das lesen?«

»Ich kann.«

»Wollt Ihr so gut sein, es uns vorzulesen?«

»Bitte sehr!«

Der Passant, mit grober Brüllstimme: »Lieber Vater, schick mir ein paar Gulden, denn meine Hosen sind zerrissen und ich muß mir neue kaufen!«

Der Vater, entrüstet: »Nie hätte ich gedacht, daß unser Junge so ein roher Schreihals ist! Ich schicke keinen Heller!«

Die Mutter beschwichtigt: »Unser Sohn ist doch immer so bescheiden und freundlich gewesen! Vielleicht lautet der Brief ganz anders?«

Das leuchtet dem Vater ein. Sie halten einen zweiten Passanten an, einen kleinen schmächtigen schüchternen Menschen. Auch er kennt lateinische Buchstaben und ist bereit, den Text vorzulesen. Mit flehender Piepstimme trägt er den Briefinhalt vor.

Der Vater, tief gerührt: »Der arme, schüchterne Junge! Wie bescheiden er sich ausdrückt! Ich geh sofort das Geld aufgeben!«

Chelm. Eines Tages verschwindet der Mann einer Jüdin und kommt nicht wieder. Einige Wochen später zieht man aus dem Fluß eine bereits sehr entstellte und aufgeschwemmte Leiche, immerhin an Kaftan, Bart und Pejes (Schläfenlocken der Orthodoxen) noch kenntlich als die eines Juden. Der Rabbiner von Chelm läßt bei der Gemeinde herumfragen, ob vielleicht jemand etwas über den Ertrunkenen weiß.
Da kommt die Jüdin zum Rabbiner geeilt und beteuert: »Das ist sicher mein Mann, gebt mir eine Bestätigung, daß er tot ist und ich wieder heiraten kann!«
Der Rabbiner aber hat Bedenken: »Woher kann ich wissen, ob das wirklich Euer Mann ist? Gebt mir einige Kennzeichen, an denen wir ihn identifizieren können!«
Die Jüdin denkt lange nach, dann sagt sie strahlend: »Er hatte zwei Merkmale, an denen man ihn sofort erkennen konnte. Er war ein wenig taub und er stotterte.«

Chelm. Schmerl: »Berl, darf ich dir vorstellen meine Kalle (Braut)?«
Berl zieht Schmerl beiseite und flüstert ihm zu: »Bist du blind? Sie ist ja schwanger!«
Schmerl: »Nu – was geht das mich an? Es ist ja nicht von mir!«

Itsche-Meir steht vor dem Stadthügel und stellt fest: »Die Leute nennen uns mit Recht ›die Chelmer Narren‹. Der Beweis: Wir wohnen auf dem Hügel über dem Fluß. Nun weiß ein jeder, daß es leicht ist, volle Wagen bergab und leere bergauf zu fahren. Was aber tun wir? Wir fahren die vollen Wasserfässer hinauf und die leeren hinunter!«

Chelm. »Jankel, warum heiratest du nicht?«
Jankel, tieftraurig: »Was hat das für einen Zweck? In unserer Familie ist Kinderlosigkeit erblich!«
»Kinderlosigkeit erblich!? Dein Vater war kinderlos!?«
»Was heißt Vater? Ich hab doch einen Stiefvater gehabt!«

Chelm. Der arme Schammes (Synagogendiener) kommt zum Rabbi und klagt: »Rebbe, ich hab kein Geld für Mazzes (ungesäuertes Osterbrot), und Pessach (Ostern) steht vor der Tür!«
Der Rabbi klärt lange und rät dann: »Verkauf deine Silberleuchter und kauf für das Geld Mazzes!«
Der Schammes: »Aber Rebbe, woher soll ich auf einmal Silberleuchter hernehmen?«
Der Rabbi, streng: »Misch die Dinge nicht durcheinander! Das ist eine andere Frage, die fällt nicht in meine Kompetenz!«

Feiwusch aus Chelm ist nach Paris gefahren. Lange lauscht er verwundert, wie die Franzosen sprechen, dann stellt er erleichtert fest: »Es stimmt nicht, daß wir Chelmer Narren sind. Es war zum Beispiel überaus klug von uns, nicht in Paris zur Welt zu kommen. Es hätte uns jeder hier ausgelacht, weil wir nicht französisch können!«

Chelm. Berisch: »Wie konnten die Leute früher nur ohne Telephon, Telegraph, Radio leben!«
Elkisch: »Sie konnten es in der Tat nicht. Du siehst doch, sie sind alle gestorben!«

Choisek, ein legendärer Schalksnarr der ostjüdischen Anekdote, kommt zum Rabbi gelaufen und bittet: »Rabbi, deu-

tet mir meinen Traum von heute Nacht! Mir hat geträumt, ich sei der Esel, auf dem der Messias geritten kommt!«
»Im Talmud«, spricht der Rabbi, »steht geschrieben: ›Wie kein Korn ohne Stroh möglich ist, so gibt es keinen Traum ohne eitle Worte...‹ Eitel ist, daß der Messias auf dir geritten kommt; wahr hingegen, daß du ein Esel bist.«

Chojsek wandert bei klirrendem Frost ins Nachbardorf. Als er endlich ankommt, ist es tief in der Nacht. Weit und breit kein Gasthaus, und auf sein Klopfen hin öffnet niemand die Tür.
Schließlich findet Chojsek auf dem Feld eine Laube, in die er hineinkriecht. Starr gefroren kommt er am andern Morgen wieder hervor.
»In dem Sommerhäuschen bin ich schier erfroren«, überlegt er, »wie wäre es mir erst in einem Winterhaus ergangen!«

Als Deutschland und das zaristische Rußland einen Teil Polens untereinander aufteilten, ging die Grenzlinie genau durch das Häuschen eines Juden hindurch. Große Verlegenheit.
Schließlich meinte einer der Vermessungsbeamten: »Fragen wir doch den Juden selbst, ob er lieber zu Deutschland oder zu Rußland gehören will und ziehen wir dann die Linie entsprechend!«
Man erklärte dem Juden das Problem. Ohne eine Sekunde zu zögern entschied er sich für Deutschland.
»Was hattet Ihr für Gründe dafür?« fragte ein Beamter neugierig.
Darauf der Jude: »Ich habe Angst vor den russischen Wintern!«

Bettelstudenten und Schnorrer

Viele Talmudstudenten waren völlig mittellos. Die Bürger der Stadt gewährten den armen Burschen Freitisch in festem Turnus. Im allgemeinen aber mußte ein solcher Student froh sein, wenn er wenigstens jeden zweiten Tag irgendwo eingeladen war. Kein Wunder, daß er dann versuchte, sich gründlich zu sättigen. Die Gefräßigkeit der Talmudschüler ist daher Thema vieler jüdischer Witze. – Jeschiwe = Talmudhochschule. Bocher = Jüngling, hier Student.

Der Jeschiwebocher Dovid stellt sich zweimal wöchentlich beim Kaufmann Silbermann Punkt ein Uhr zum Mittagessen ein und verschlingt abenteuerliche Quantitäten. Lange schweigt Silbermann. Schließlich kann er nicht mehr an sich halten und sagt: »Hören Sie, Bocher, Sie kommen um eins und fressen für zwölf. Mir wäre lieber, Sie kämen um zwölf und äßen nur für einen.«

Zur jüdischen Religionsgelehrtheit gehört auch die Kenntnis der Speisegesetze, die auch die Schächtkontrolle und genaue Untersuchung des Fleisches vor seiner Freigabe zum Genuß umfaßt. Der Rabbi muß also auch einige Kenntnisse in der Anatomie des Schlachtviehs haben.

Der arme Talmudstudent darf im Haus des Rabbi leben, wofür er als Gegenleistung allerlei kleine Dienste als Faktotum zu erledigen hat. Die Rebbezen (Rabbinerin) hat aber den armen Burschen all die Jahre hindurch sehr geizig verköstigt.

Endlich glaubt der Student, ausreichendes Talmudwissen für ein Rabbinat erworben zu haben. Die Approbation zum Rabbiner setzt nun die Prüfung bei einem Rabbi voraus. Und der Rabbi, bei dem der Bursche die ganzen Jahre gelebt hat, ist bereit, ihn zu examinieren.

Er geht mit dem Studenten auf den Schlachthof, deutet auf einen geschächteten Ochsen und befiehlt: »Zeig mir genau, wo die Brust des Tieres ist!«

Der Student deutet ohne zu zögern auf die Fußknöchel des Rindes.
Der Rabbi, verwundert: »Du Esel, wie kommst du auf so etwas?«
»Nu, Rabbi«, erklärt der Bocher, »das habe ich immer von Eurer Frau vorgesetzt bekommen, wenn es bei Euch Rindsbrust zum Essen gab.«

Der »aufgeklärte« Hausherr gewährt dem armen Jeschiwebocher jeden Freitag abend Freitisch, gibt ihm aber wenig und schlecht zu essen, obwohl er an der gleichen Tafel sitzt wie die üppig speisende Familie. Man hat den Bocher vorsorglich ganz unten an den Tisch plaziert, von wo aus er nicht so leicht in die Schüsseln greifen kann. Obendrein hänselt der Hausherr den armen Burschen dauernd, indem er den Bibelinhalt verspottet.
Zur guten alten Sitte gehört es, zwischen den einzelnen Gängen des Festmahls erbauliche Gespräche zu führen. Eines Tages sagt der »aufgeklärte« Hausherr: »Wie konnte Josua während der Schlacht bei Gilead die Sonne zum Stillstehen bringen? Sie steht ja ohnehin still! Es ist die Erde, die sich dreht!«
Da ertönt vom untern Tischende der energische Protest: »Nischt Emmes (Wahrheit)!«
»Wie könnt Ihr wagen, mir zu widersprechen!« ruft der Hausherr indigniert aus.
»Es kann nicht stimmen«, meint der Bocher wehmütig, »wenn die Erde möcht sich wirklich drehen, dann möcht sich auch der Tisch hier drehen, und dann möchten die guten Sachen, die Ihr eßt, auch einmal vor mir stehen!«

Der arme Talmudstudent hat Freitisch beim reichen Reb Rosenthal. Er muß aber am untersten Tischende sitzen und bekommt nichts von den guten Sachen, die die Familie und ihre Gäste verzehren.
An einem Freitag abend wird ein herrlicher Hecht serviert – dem Studenten legt die Hausfrau aber nur ein winziges Weißfischchen vor.
Da beugt sich dieser tief über den Teller und flüstert dem Fisch etwas zu.
»Was treibt Ihr da?« fragt der Hausherr verwundert.
»Ich hab den Fisch etwas gefragt«, erklärt der Bocher, »und er hat mir Antwort gegeben.«
»Aha!« sagt der Hausherr erheitert, »wollt Ihr uns nicht verraten, was Ihr miteinander geredet habt?«
»Aber gern!« versichert der Bocher, »ich hab den Fisch gefragt, ob er etwas von dem armen Schuster Joine weiß, der vor zwei Jahren ertrunken ist. Aber es hat sich herausgestellt, daß der Fisch nichts von ihm gehört hat. ›Ich bin noch zu klein dazu‹, hat er mir geantwortet, ›Ihr müßt einen der großen Hechte fragen, die weiter oben am Tisch serviert werden!‹«

Der Jeschiwebocher (Talmudstudent) Cheskel hat bei der gutmütigen Familie des Rabbiners um ein Nachtlager gebeten und es erhalten – nun aber sitzt er schon seit Wochen fest und will und will das Haus nicht verlassen. Da denken sich der Rabbi und seine Frau etwas Raffiniertes aus. Sie werden in Gegenwart des Bochers einen Streit anfangen, der Bocher wird für einen der beiden Partei ergreifen, der andere wird ihn hinauswerfen ...
Die Familie sitzt bei Tisch und verzehrt leckere Mohnnudeln.
»Das Essen ist schlecht!« meckert der Rabbi programmgemäß.

»Eine Gemeinheit, so etwas zu behaupten!« repliziert die Rebbezen scheinbar tief empört.
Der Rabbi gibt eine heftige Antwort, der Streit nimmt immer wildere Formen an. Der Bocher frißt inzwischen schweigend die ganze Mahlzeit weg.
»Bocher!« fordert der Rabbi auf, »du mußt entscheiden, wer von uns beiden recht hat!«
»Rebbe«, entgegnet der Bocher bescheiden, »in Mohnnüdelech bin ich nicht ganz kompetent.«

Der Jeschiwebocher ist Freitag abend beim Rabbi zum Essen eingeladen. Es gibt eingemachtes Hühnchen. Der Bocher greift als erster zu und reißt dem Hühnchen kurzerhand beide Keulen aus.
»Keulen habe ich auch sehr gern!« wirft der Rabbi mit leisem Vorwurf ein.
Worauf der Bocher: »Aber so wie ich – niemand!«

Ein Schnorrer kommt ins koschere Restaurant, setzt sich an einen Tisch, an dem bereits ein paar Juden sitzen, und schlägt vor:
»Wollen wir eine Wette abschließen? Ich schreibe auf dieses Stück Papier, was ich bin, und ihr ratet. Wenn ihr es herausbekommt, dann zahle ich Schnaps für uns alle. Wenn ihr verliert, zahlt ihr mir die Mahlzeit.«
Die Herren, die aufs Essen warten und sich langweilen, willigen gern ein. Sie raten hin und her, zählen die unmöglichsten Berufe auf – der Schnorrer schüttelt immerzu den Kopf.
»Also gut, wir haben verloren«, gibt einer der Herren zu, »nun zeigt schon her, was Ihr seid!«
Sie rollen das Papier auf – und es steht darauf: »Was ich bin? Hungrig.«

Für den nachfolgenden Witz muß man wissen, daß die Kabbala, die jüdische Mystik, unter anderm dadurch mystischen Geheimnissen auf die Spur zu kommen sucht, daß sie aus dem Anagramm bestimmter Bibelstellen neue Sätze bildet. Man kann die Methode natürlich auch zu harmlosen Wortspielereien benützen.

Zu Anschel Rothschild in Frankfurt am Main, dem Stammvater des berühmten Bankhauses, meldet sich ein armer Jude. Man legt ihm nahe, sich mit einem Gespräch mit dem Sekretär zu begnügen.

Der Schnorrer aber beharrt darauf, den Prinzipal selbst zu sehen und beteuert: »Ich will ihm nur ein einziges Wort sagen!«

Rothschild, in seiner Arbeit gestört durch die lautstarke Auseinandersetzung im Nebenraum, erkundigt sich, worum es geht, und erklärt sich einverstanden, den Juden zu empfangen.

Dieser kommt herein, sagt nur »Gemore« (= Talmud), und schickt sich an, wieder hinauszugehen.

Rothschild ruft ihn zurück und fragt verwundert, was das zu bedeuten habe.

»Es heißt G-uten M-orgen, R-eb An-schel«, erklärt der Jude, und sogleich sagt er noch einmal »Gemore«.

»Und was bedeutet es diesmal?« fragt Rothschild.

»Gebt Mooss (= Geld), Reb Anschel!«

Rothschild lacht und reicht dem Juden einen Taler.

»Gemore!« wiederholt der Schnorrer statt zu danken.

»Ich nehme an, daß es jetzt wieder etwas anderes bedeutet?« fragt Rothschild erheitert.

»Gebt mehr, Reb Anschel!« erklärt der Jude.

Lachend gibt ihm Rothschild einen zweiten Taler.

»Gemore«, sagt der Schnorrer erfreut ein letztes Mal und fügt gleich die Bedeutung bei: »Guten Morgen, Reb Anschel!«

Der Gabbe (Synagogenvorstand) hat vergessen, dem armen Talmudstudenten für das festliche Sabbatmahl einen Freitisch zuzuweisen. Da ergreift der Student selbst die Initiative, geht auf den reichen, geizigen Patrontasch zu und bittet: »Laden Sie mich zum Sabbatmahl ein! Dann will ich Ihnen etwas sagen, was Ihnen lieber sein wird als hundert Gulden!«

Patrontasch zögert. Doch das Angebot ist gar zu verlokkend. Er lädt den Studenten ein.

Als das Festmahl zu Ende ist, drängt er neugierig: »Nu?«

»Zweihundert Gulden!« sagt der Bocher, »ich garantiere, die sind Ihnen lieber als hundert Gulden.«

Feiglstock, der arme Handelsreisende, trifft Freitag abend in einer Kleinstadt ein. Geld für Hotel und Restaurant hat er nicht. So bittet er in der Synagoge den Gabbai (Synagogenvorstand), ihm über Sabbat eine Unterkunft mit Freitisch bei einem ansässigen Bürger anzuweisen.

Der Gabbai blättert in seinem Notizbuch und meint dann: »Diesen Freitag sind so viele arme Durchreisende eingetroffen, daß ich bereits in jedes Haus jemanden eingewiesen habe. Frei ist nur noch der reiche Goldschmied Schmelkes, aber der nimmt niemanden auf.«

»Mich wird er nehmen!« versichert Feiglstock und marschiert nach dem Gebet zum Haus von Schmelkes. Bescheiden bittet er, den Hausherrn sprechen zu dürfen. Er nimmt ihn diskret beiseite, zieht aus seiner Manteltasche ein schweres, brikettförmiges Päckchen hervor und flüstert: »Was ist ein Stück Gold von der Größe eines Ziegels wert?«

Dem Goldschmied gehen die Augen über. Doch es ist schon Sabbat, und man darf jetzt nicht mehr über Geschäfte reden. Läßt er den Mann aber aus dem Haus, dann geht der womöglich zum Konkurrenten, und dem Schmelkes entgeht vielleicht ein großer Gewinn.

Also schlägt er vor: »So aus dem Handgelenk kann ich das nicht schätzen. Bleibt über Sabbat bei uns, morgen abend werden wir uns darüber unterhalten.«

Feiglstock wird den ganzen Sabbat über bewirtet und bedient wie ein Fürst.

Am Samstag abend, bei Einbruch der Dunkelheit, als man wieder Geschäfte machen darf, fordert Schmelkes ihn freundlich auf: »Nu, und jetzt wollen wir uns Euren Goldbarren einmal genau ansehen!«

»Was Gold, wo Gold«, entgegnet Feiglstock verwundert, »ich hab nur wissen wollen, was is wert e Stück Gold so groß wie e Ziegelstein.«

Ein Schnorrer meldet sich bei Baron Rothschild in Frankfurt.

»Woher kommen Sie?« will dieser wissen.

»Aus Wien«, sagt der Schnorrer, »ich hab gemacht e Kunstreise.«

»Wieso Kunstreise?« wundert sich Rothschild.

»Nu ja«, erklärt der Schnorrer, »ist es etwa ka Kunst, mit 40 Kreuzer von Wien bis Frankfurt zu gelangen?«

Jankew, der arme kleine Kultusbeamte, ist beim reichen Gemeindevorstand zum Mittagessen eingeladen. Es werden zwei knusprig gebratene, herrlich duftende Gänse aufgetragen. Dem armen Jankew treten bei der Erinnerung an seine zahlreichen hungrigen Kinder zuhause, die nicht einmal genug Brot haben, schier die Tränen in die Augen.

»Nu, Jankew«, sagt der Gastgeber gutmütig, »Ihr dürft anschneiden!« Und er schiebt dem Gast eine Gans zu.

Jankew zögert. Dann fragt er: »Ist es Euch gleich, wo ich die Gans anschneide?«
»Aber natürlich«, versichert der Gastgeber.
»Dann«, sagt Jankew strahlend, indem er die Gans zur Seite stellt, »schneid ich sie am liebsten bei mir zu Hause an.«

Ein Schnorrer kommt in eine fremde Stadt und bittet in der Synagoge einen jüngeren Mann, ihn zum Abendbrot einzuladen.
»Wir sind selbst sehr arm und haben kaum zu essen«, sagt dieser.
»Das schadet nichts«, meint der Schnorrer, »ich eß wie e Vögele...«
Als sie dann bei Tisch sitzen, stürzt sich der Schnorrer blitzschnell auf die Speisen, so daß zwar er reichlich satt wird, das Ehepaar aber hungrig vom Tisch aufsteht.
»Ihr habt doch gesagt, Ihr eßt wie e Vögele!« erinnert ihn der Hausherr vorwurfsvoll.
»Nu ja«, bestätigt der Schnorrer, »ich eß, bis ich satt bin, genau wie e Vögele.«

Variante: Der Schnorrer überredet den zögernden Hausherrn in der Synagoge mit dem Hinweis, er habe einen Magen ›wie e klein Kind‹. Dann aber frißt er massiv.
»Ihr habt doch gesagt, Ihr habt e Magen wie e klein Kind!« erinnert ihn der verärgerte Hausherr.
»Na ja«, bestätigt der Schnorrer, »wie groß is e klein Kind? Etwa so? (Handbewegung) Und sehn Sie, genau so groß is mein Magen.«

Elkischer aus Meseritz hat sich bei reichen Verwandten in Posen einquartiert und will und will nicht mehr heimreisen.

Der Hausherr, der den Dauerbesuch gründlich satt hat, möchte Elkischer indirekt zur Abreise ermuntern. Bei Tisch klagt er daher sehr nachdrücklich: »Wie teuer alles wird! Ich kann das Fleisch für uns alle kaum noch erschwingen!«
Elkischer: »Und wenn man bedenkt, wie billig alles in Meseritz ist! Das Kilo Kalbfleisch kostet bei uns nur fünfzig Pfennige!«
»Nu«, fragt der Hausherr ganz glücklich, »warum fährste nicht schnell wieder nach Meseritz?«
Darauf Elkischer, wehmütig: »Aber wer in ganz Meseritz hat denn fünfzig Pfennig?«

Das Schawuossfest (Pfingsten) dauert zwei Tage, das Sukossfest (Laubhüttenfest) volle acht Tage.
Der Schnorrer Schapse kommt am Vorabend des Schawuossfestes in eine kleine Posener Gemeinde und wird vom Gabbe (Synagogenvorstand) einem besonders gutmütigen Bürger als Festgast zugewiesen, der ihn nicht nur üppig bewirtet, sondern ihm zuletzt sogar noch zwei Mark Reisegeld zusteckt.
Schapse ist entzückt. Er richtet es so ein, daß er am Vorabend des Sukossfestes wieder in die gleiche Stadt kommt und wieder dem gleichen Hausherrn zugewiesen wird. Nach Ablauf der acht Tage will ihm der Hausherr wieder zwei Mark zustecken.
»Wie haißt!« protestiert Schapse empört, »soviel habt Ihr mir doch für zwei Tage gegeben! Für acht Tage kommt mir das Vierfache!«

Ein polnischer Jude kommt nach Wien und sucht einen Glaubensgenossen auf, der Arzt ist: »Ach Herr Doktor, es geht mir unendlich schlecht! Ich bin blutarm!«

»Ich verschreibe Ihnen Eisenpillen.«
»Doktorleben – was soll ich mit Eisenpillen? Ich komm doch zu Ihnen als Schnorrer!«

Schnorrer Leibowitz kommt zum reichen Lindenblatt in Posen und sieht so abgehärmt und verhungert aus, daß dieser ihn ungewöhnlich großzügig beschenkt.
»Heißt e Großmut!« ruft Leibowitz tief gerührt aus, »ich wer' Sie empfehlen meiner ganzen Mischpoche (Sippe) und an alle Schnorrer von mein Mokum (Ort)!«

Zu einem bekannten Lemberger Bankier kommt ein Bittsteller und klagt, er sei ein notorischer Pechvogel.
»Damit Sie mir glauben«, sagt er, »leg ich Ihnen vor ein Attest vom Rabbi unserer Stadt, daß mein Haus in Rzeszów ist wirklich abgebrannt und daß ich bin würdig einer Unterstützung.«
Der Bankier verläßt mit dem Attest den Raum. Nach ein paar Minuten kommt er zurück und erklärt: »Zufällig arbeitet bei mir ein Sohn des Rabbi von Rzeszów. Er sagt, der Attest ist gefälscht...«
»Nu sehn Sie doch selber«, jammert der Schnorrer, »daß ich die Wahrheit gesagt hab und daß ich wirklich ein notorischer Pechvogel bin! Muß bei Ihnen ausgerechnet arbeiten der Sohn des Rabbi von Rzeszów!«

Karfunkel kommt aus Posen nach Berlin, um hier alle reich gewordenen Landsleute anzuschnorren. Es gelingt ihm sogar, einen Bankier ausfindig zu machen, mit dem er sehr entfernt verwandt zu sein behauptet. Er will dem vielbeschäftigten Bankier ganz genau den Grad der Verwandtschaft auseinandersetzen. Dieser aber, außer sich vor Ungeduld, schiebt dem Schnorrer 20 Mark zu und will ihn wegschicken. Karfunkel rührt sich nicht vom Fleck.

»Ist Ihnen das noch nicht genug?« fragt der Bankier gereizt.
»Was heißt genug«, gibt Karfunkel indigniert zurück, »die 20 Mark sind doch dafür, daß wir verwandt sind. Außerdem bin ich aber auch noch Schnorrer!«

Im Vorzimmer von Bankier Finkelberg: »Ich mecht' hinein zum Herrn Finkelberg wegen e Gschäft.«
»Was reden Sie da! Sie betteln doch!«
»Nu, dos is eben mei Geschäft.«

Bittsteller: »Bitte, Herr Kommerzienrat, leihen Sie mir Ihr Ohr doch nur für fünf Minuten!«
Der Kommerzienrat, eilig und zerstreut: »Gut, aber nur gegen unbedingte Sicherheit und sechs Prozent Zinsen!«

Blumenthal hat eine Stelle als Portier im Warenhaus bekommen. Sein Chef gibt ihm eine Instruktionsliste, die er genau studieren soll.
Blumenthal hat die Liste noch nicht auswendig gelernt, da kommt der erste Besucher und will zum Chef.
Blumenthal schaut in seine Instruktionen und fragt: »Wollen Sie Geld für einen wohltätigen Zweck oder sind Sie Handelsreisender oder ein Freund des Hausherrn?«
Der Besucher, in Wirklichkeit ein Schnorrer, zögert ein wenig und erklärt schließlich: »Ich bin ein bißchen von allen dreien.«
Blumenthal vertieft sich in seine Liste.
Dann sagt er: »Der Chef ist verreist. Der Chef ist auf einer Geschäftskonferenz und nicht zu sprechen. Der Chef freut sich auf ihren Besuch und bittet Sie, einzutreten.«

»Blau, du siehst so betroppezt aus! Was hast du?«
»Nichts.«
»Wenn du nichts hast – was bist du dann so betrübt?«
»Eben weil ich nichts habe.«

Im »freien« Polen zwischen den beiden Weltkriegen, in welchem es den Juden besonders schlecht ging, meint Jankel:
»Ganz unrecht haben die Antisemiten nicht, wenn sie uns internationale Neigungen und Beziehungen vorwerfen. Man nehme mich als Beispiel:
Meinen kleinen Laden – den hab ich dank einer Anleihe vom ›American Joint‹ (jüdische Hilfsorganisation).
Mein monatliches Einkommen – das schickt mir mein Sohn aus Argentinien.
Meine Steuern – die zahlt mein Onkel in Canada.
Meine Kohlenrechnung – die begleicht das Polnisch-jüdische Unterstützungscomité in London.
Geld für Kartoffeln – das schickt mir meine Schwester aus Paris.
Und die Schuhe – die bekomme ich von der ›Helping Hand‹ in Johannesburg.«

Polen vor der Hitlerzeit. Eine arme Jüdin steht in der Ecke ihres Stübchens und betet inbrünstig zum lieben Gott: »Bitte, mach meine Schwägerin Chajele in New York dick und rund!«
Eine Bekannte hört es zufällig und fragt verwundert: »Was liegt dir daran, ob deine Schwägerin dick oder dünn ist?«
»Sie schickt mir ihre abgelegten Kleider«, erklärt die Jüdin, »und die sind mir alle zu eng.«

Patrontasch ist aus Chodorow nach dem großen Lemberg ausgewandert und dort zu Geld gekommen. Ein armer Jude aus Chodorow kommt ihn besuchen. Patrontasch tut, als ob er ihn nicht kenne und fragt kühl:
»Was wollt Ihr von mir?«
»Nichts«, sagt der Jude rasch gefaßt, »außer Euch kondolieren, weil Ihr in Lemberg Gesicht, Gehör und Gedächtnis eingebüßt habt und mit einem Mal weder Euch selbst noch Eure alten Freunde kennt.«

Schwarz und Weiß waren zusammen auf der Schule. Schwarz ist reich geworden, Weiß ein armer Teufel geblieben. Eines Tages kommt Weiß zu Schwarz und sagt: »Schwarz, ich erinnere mich, als wäre es heute gewesen: Sie waren mein bester Freund auf der Schule!«
»Hier ist ein Gulden«, unterbricht ihn Schwarz, »und vergessen Sie es!«

Schnorrer: »Herr Perlmutt, Sie haben mir das letzte Mal einen Taler versprochen, jetzt müssen Sie Ihr Versprechen halten!«
»Aber sicher! Das Versprechen ist der Taler, den halt ich! Ihnen geb ich einen Kreuzer!«

Ein chassidischer Wunderrabbi fragte einen seiner Anhänger, einen armen Dorfjuden, wie es ihm gehe.
»Mir scheint«, entgegnete dieser, »ich werde reich.«
»Was heißt ›mir scheint‹?« fragt der Rabbi, »bist du nun also reich oder bist du es nicht?«
»Noch nicht«, gab der Jude zu, »aber ich bemerke an mir schon die ersten Anzeichen des Reichtums. Ich spüre Geiz und kein Erbarmen mehr mit den Armen.«

Schwarz ist gestorben. Er pocht ans Himmelstor. Der Heilige Petrus öffnet. »Ich möchte hinein!« erklärt Schwarz.
»Langsam!« entgegnet Petrus streng. »Erst muß ich wissen, was Sie im Leben Gutes getan haben.«
Schwarz denkt lange nach.
Dann erinnert er sich: »Ich habe einmal einem Bettler einen Groschen gegeben.«
»Und weiter?« fragt Petrus.
Nach abermaligem langen Nachdenken erklärt Schwarz: »Ein paar Jahre später habe ich wieder einem Bettler einen Groschen gegeben.«
»Ist das alles?« fragt Petrus.
»Nein«, versichert Schwarz, »kurz vor meinem Tod hab ich einem dritten Bettler ebenfalls einen Groschen gegeben.«
Petrus denkt lange nach.
Dann sagt er: »Da hast du deine drei Groschen zurück und geh zur Hölle.«

Himmelsmacht Liebe

Cheder (Kleinkinderschule für Hebräisch). Die Schüler lesen die ersten Bibelkapitel.
»Rebbe«, fragt einer der kleinen Jungen, »warum hat Gott dem Adam die Rippe im Schlaf gestohlen, um Eva daraus zu machen?«
»Mit gutem Grund!« erklärt der Melamed (Lehrer), »er wollte zeigen, daß aus einem Diebstahl nichts Gutes herauskommen kann!«

Cheder. Der kleine Schloime: »Rebbe, warum nahm Gott Hiob alles weg und ließ ihm nur sein Weib?«
»Mit gutem Grund. Gott wollte ihm ja zuletzt alles doppelt zurückerstatten. Und zwei Weiber – das wäre nicht ein Lohn gewesen, sondern eine Strafe!«

Riwke zu ihrem Verlobten: »Jankel, mein Teurer, wirst du für mich durchs Feuer gehn?«
»Nu, wie haißt?! Bin ich e Feuerwehrmann?!«

Die reiche schöne Rahel gefällt dem armen Weinstock. Er wird immer zudringlicher.
Schließlich geht Rahel zu ihrem Vater und fragt: »Tate, kann ich geben dem Weinstock ein wenig Kredit?«
»Kredit«, meint der Vater, »kannst du ihm schon geben, aber keinen Vorschuß!«

»Tate! Eh ich den alten Eppelboim heirat', geh ich ins Wasser!«
»Pü, leere Drohung! Jede Gans kann schwimmen!«

»Du willst dich verheiraten, Jankel? Du bist doch schon sechzig!«
»Na und? Dafür ist meine Braut nur zwanzig.«
»Was für ein Mißverhältnis!«
»Wieso Mißverhältnis? Schau ich an meine Braut, bin ich vor Freud' zwanzig Jahr jünger. Dann bin ich nur noch vierzig.
Schaut sie mich an, wird sie vor Schreck zwanzig Jahr älter. Dann ist sie auch vierzig.
Sind wir beide gleich alt.«

Die gutbürgerlichen jüdischen Kreise Osteuropas kannten keine Liebesehe. Die Eltern trafen die Wahl. Wert gelegt wurde auf passende Herkunft und Vermögenslage. Hatten bei »interurbanen« Partien außerdem noch ein bis zwei Schadchonim (Heiratsvermittler, Einzahl Schadchen) die Hand im Spiel, so konnte es durchaus vorkommen, daß sie vor lauter Diskussion über Mitgifthöhe, »Schönheit« der Familie etc. vergaßen, sich zu erkundigen, ob man es mit einem Jüngling oder einem Mädchen zu tun hatte, so daß sich dann bei der vereinbarten Zusammenkunft zwei Heiratskandidaten gleichen Geschlechts gegenübersaßen.

Schadchen zum Kollegen: »Kürzlich habe ich beinahe eine Partie zuwege gebracht. Beide Eltern waren in allen Punkten einverstanden.«
»Und woran ist es gescheitert?«
»Als die zwei Familien zusammenkamen, stellte sich heraus, daß beide eine Tochter hatten!«

Krakauer in Zloczow und Blaustein in Rohatyn haben durch Vermittlung eines vielgereisten Schadchen endlich die passende Partie für ihre Kinder gefunden. Die Familien haben beide einen tadellosen Ruf, Krakauer will 5000 Gulden geben, Blaustein bietet dafür Compagnie an seinem sehr gut gehenden Geschäft. Es ist Zeit, daß die jungen Leute sich endlich kennenlernen. Man vereinbart eine

Zusammenkunft in der nächstgelegenen Großstadt bei der Messe, zu der die Väter ohnehin fahren wollten.
Die Familien treffen sich im Café, jede hat einen netten jungen Mann bei sich. Man unterhält sich über dies und das, man kommt sich freundschaftlich näher. Endlich fragt Krakauer: »Wo bleibt denn das junge Mädchen?«
»Woher soll ich das wissen, warum Ihre Tochter so lange auf sich warten läßt!« antwortet Blaustein.
Aufklärung des Mißverständnisses. Großer Ärger. All die Spesen, die Korrespondenz, die Festlegung der geschäftlichen Details, alles ließ sich so schön an – und nun soll alles für die Katz sein?
Plötzlich strahlt Blaustein auf. »Wißt Ihr was?« sagt er, »mit dem Schiduch (Partie) ist es natürlich nichts. Nu – was ist schon dabei? Wern wir machen das Geschäft ohne Schiduch. Sie geben die 5000, und ich nehme Ihren Sohn als Compagnon in mein Geschäft...«

Der Schadchen (Heiratsvermittler) marschiert mit seinem Kandidaten zur Familie der vorgesehenen Braut.
»Ich bitt dich um eins«, sagt der Schadchen, »ich weiß, du bist ein verlogener Mensch, ein Aufschneider. Wenn ich merke, daß du anfangen willst, zu übertreiben, dann geb ich dir einen Fußtritt, und dann sagst du von dem, was du sagen wolltest, höchstens die Hälfte!«
Sie sitzen bei der Braut am Tisch.
»Kürzlich«, erzählt der junge Mann, »hab ich einen Hecht gefangen, der war so gewaltig...«
Voller Schrecken versetzt ihm der Schadchen einen kräftigen Fußtritt...
»... der wog volle sechzig Pfund!«
Auf dem Heimweg macht der Schadchen dem Bräutigam heftige Vorwürfe.

»Ich weiß nicht, was Sie wollen«, sagt dieser verwundert, »die sechzig Pfund waren doch schon die Hälfte von dem, was ich sagen wollte.«

Veilchenblum marschiert mit seinem Sohn zusammen auf »Beschau« ins Haus des reichen Jakubowitz. Unterwegs instruiert er den Sohn: »Wenn de e Braut anschauen gehst, darfste nie nach ihrem Alter fragen, sondern nur nach der Mitgift. Denn die Jahre, die nehmen ganz von selber zu, das Geld aber nimmt ab.«

Feuerbrand hat eine heiratsfähige Tochter.
Der Schadchen meldet sich: »Nu, Feuerbrand, höchste Zeit, daß wir für Eure Rosa e feinen Chossen (Bräutigam) suchen! Was könnt Ihr geben Mitgift?«
»Mitgift – keine«, erklärt Feuerbrand, »aber wenn der junge Mann tüchtig ist und mir gefällt, kann er einheiraten in mein Geschäft.«
»Und was ist das für e Geschäft?«
»Rohleder und Lederwaren.«
Der Schadchen blättert lange in seinem Notizbuch und verkündet dann bedauernd: »Schade ... Schade ... Ich hätt da einen passenden jungen Mann. Aber er will nur einheiraten in Gänsefedern und Bettwaren.«

Die Braut: »Tateleben! Ich glaub, der Ruben nimmt mich nur wegen dem Geld!«
»Hab keine Angst. Gott wird ihn strafen! Von mir kriegt er keins!«

Der Schadchen beschreibt dem Freier die Vorzüge des Mädchens, das er ihm vorschlagen will: »Sie ist reich und schön und aus achtbarer Familie!«

Der Freier schüttelt zweifelnd den Kopf: »Sie hat keinen guten Ruf. Sie soll gehabt haben e Verhältnis mit der ganzen Garnison von Tarnopol!«
Der Schadchen: »Nu – wie groß is se schon, die Garnison von Tarnopol!«

Der Schadchen hat den jungen Gurewitsch zu einer Familie mit einer wunderhübschen Tochter gebracht. Gurewitsch ist von der Schönheit des Mädchens völlig geblendet. Er versucht, mit ihr ins Gespräch zu kommen, stellt aber dabei fest, daß man kein vernünftiges Wort mit ihr wechseln kann...
Auf dem Heimweg fragt der Schadchen: »Nu – wie hat sie Ihnen gefallen?«
»Solang sie nicht gesprochen hat«, expliziert Gurewitsch, »hat sie mich angesprochen. Als sie dann aber gesprochen hat, hat sie mich nicht mehr angesprochen.«

Der junge Mann hat mit dem Schadchen zusammen die vorgesehene Braut besichtigt. Als er mit dem Schadchen wieder weggeht, sagt er vorwurfsvoll:
»Das Mädchen hinkt!«
»Nu«, meint der Schadchen, »das ist nur ein Vorteil. Dann kann sie Euch nicht dauernd nachlaufen!«
»Sie ist auch kurzsichtig!«
»Das ist doch gut! Dann sieht sie nicht, wenn Ihr andern Frauen schöne Augen macht!«
»Und sie stottert!«
»Das ist ein Glück! Wenn sie Geld verlangt – eh sie zu Ende geredet hat, seid Ihr aus dem Haus!«
»Die Mutter ist scheußlich!«
»Na und? Ihr heiratet die Tochter!«
»Die ist aber auch sehr häßlich!«

»Sein Sie froh! Dann schaut kein anderer Mann sie an!«
»Und obendrein ist sie bucklig!«
Der Schadchen, entrüstet: »Ich weiß nicht, was Ihr wollt! Seid Ihr Baron Rothschild, daß Ihr eine Frau ohne einen einzigen Fehler verlangen könnt?«

Jankl will heiraten. Der Schadchen führt ihn zu einem Mädchen. Auf dem Heimweg erklärt Jankl: »Sie gefällt mir nicht. Sie hat einen unechten Busen, falsche Haare, falsche Zähne, einen Buckel...«
»Ja«, bestätigt der Schadchen, »aber der ist echt!«

»Se mechten eine meiner Techter heiraten? An welche dachten Sie? Mei Jüngste bekommt 10 000 Mark, mei Mittlere 20 000, und mei Älteste 50 000.«
»Wissen Se, Herr Rappaport, Ihre Familie is mer doch noch zu jung!«

Der Schadchen hat den vorgesehenen Bräutigam endlich so weit, daß er sich dem Mädchen erklärt.
Ein paar Tage später kommt der junge Mann zum Schadchen und fragt mißtrauisch: »Ich bin mit ihr ausgegangen, und mir schien, daß sie hinkt. Tut sie das immer?«
»Aber nein!« beruhigt der Schadchen, »nur wenn sie geht!«

Schadchen: »Herr Veilchenstock, nehmen Sie das Mädel! Sie kriegt 20 000 Gulden Mitgift – vorausgesetzt, daß der Vater nicht inzwischen Pleite geht.«
»Und wenn er Pleite geht?«
»Dann kriegt sie natürlich entsprechend mehr.«

Der Schadchen: »Ich will Ihnen eine Partie proponieren. Viel Geld hat das Mädchen nicht, aber dafür ist es eine Schönheit!«

Die beiden machen bei der Familie des Mädchens einen Besuch.
Als sie wieder fortgehen, sagt der junge Mann zum Schadchen: »Sie sagten, das Mädchen sei eine Schönheit. Es ist aber das häßlichste Geschöpf, das ich je gesehen habe!«
»Unsinn!« protestiert der Schadchen, »Sie kennen nicht meine Frau!«

Der siebzigjährige reiche Rosenblatt möchte sich wieder verheiraten, und zwar hat er sein Auge ausgerechnet auf die wunderschöne zwanzigjährige Rachel Glück geworfen. Er schickt den Schadchen zu ihr, der ihr die Vorteile der Ehe klarzumachen sucht, jedoch kein sehr gutes Gefühl dabei hat.
»Ich weiß natürlich nicht«, wendet er selber ein, »ob Sie das Leben wirklich mit ihm verbringen mögen?«
Rachel denkt kurz nach und entscheidet: »*Mein* Leben: nein. Aber *sein* Leben: Ja.«

Der Schadchen (Heiratsvermittler): »Herr Eisenberg, ich habe für Sie ein reiches und schönes Mädchen ausfindig gemacht. Nur: Sie ist ein wenig taub.«
Sie gehen zusammen hin und Eisenberg sieht: Das Mädchen ist schwanger.
Auf dem Heimweg sagt er zum Schadchen: »Sie haben gesagt: eine Taube. Schön. Aber eine gefüllte Taube!?«

Mischpoche = Familie, Sippe
Schadchen: »Und dann hätte ich da noch die junge Sara Lipman. 100 000 Gulden, kein Tate, keine Mame, keine Geschwister, keine Onkel und Tanten ...«
Der junge Schmelkes, begeistert: »Ich nehm sie! Das hab ich schon immer gewollt, in so e Mischpoche einheiraten!«

Der Heiratsvermittler: »Herr Itzik, Sie pfeifen also aufs Heiraten. Aber tut es Ihnen nicht leid bei dem Gedanken, daß Ihr Name ausstirbt?«
Darauf Itzik: »Warum soll er aussterben? Ich heiße Kohn.«

»Diese fette Person soll ich heiraten?! Sie wiegt mindestens achtzig Kilo!«
»Sie bekommt aber 80 000 Rubel Mitgift.«
»Nu ja – 100 Gulden aufs Kilo ... nicht schlecht!«

In der ostjüdischen gutbürgerlichen Schicht war es praktisch unmöglich, ein Mädchen ohne Mitgift an den Mann zu bringen.
– Beschneidung: Religiöses Grundgebot der Juden. Sie wird an den Knaben am achten Tag nach der Geburt vollzogen. –
Boruch und Chajim waren auf einer Beschneidungsfeier, auf der es ungemein lustig zugegangen war.
Auf dem Heimweg fragt der Chajim den Boruch: »Kannst du mir sagen, Boruch, warum sich jüdische Familienväter über die Geburt eines Sohnes immer so viel mehr freuen als über die eines Mädchens?«
Darauf Boruch: »Wieso verstehst du das nicht? Die Knaben laufen schon mit fünf Jahren auf und davon – die Mädchen aber bleiben oft noch mit dreißig sitzen!«

»Herr Pottasch, ich interessier mich für Ihre Tochter.«
»Sie lieben meine Rosl?«
»Wie soll ich sie bereits lieben? Ich weiß ja noch nicht, was sie mitbekommt!«

Unter Commis.
»Du, die Tochter von deinem Chef soll geheiratet haben. Wer ist der Bräutigam?«

»Weiß ich noch nicht. Er ist noch nirgends bei uns gebucht worden.«

»Schmelke, warum hast du deine Tochter verheiratet mit deinem Kassierer? Er hat nichts, stammt aus miesem Haus, e Schönheit is er auch nicht!«
»Nu – ich hab mir gesagt: Wenn er emol mit der Kasse durchgeht, dann soll meine Tochter auch was davon haben!«

»Rosenbaum! Ich hab' den Eindruck, Sie wollen meine Tochter nur heiraten, weil sie von Onkel Jonas 50 000 Kronen geerbt hat!«
»Aber was fällt Ihnen ein!« wehrt Rosenbaum entrüstet ab, »ich schwör Ihnen, ich hätt' Ihre Tochter auch geheiratet, wenn sie von ganz wem andern das Geld geerbt hätt'!«

»Wegen dieser jungen Frau habe ich 100 000 Rubel verloren!«
»Soviel hast du doch nie besessen!«
»Das stimmt. Und doch ist es so. Der Schadchen (Heiratsvermittler) sagte mir nämlich, sie habe 100 000, ich machte ihr einen Heiratsantrag, und sie sagte nein und nahm einen andern.«

Griebenfett, der künftige Schwiegervater, und Kalman, der Bräutigam, streiten seit Stunden erbittert um die Mitgifthöhe. Griebenfett will nicht über 3000 Rubel hinausgehen, der Bräutigam aber fordert 5000 ...
Da stürzt die Braut aus dem Nebenzimmer herein, wo sie an der Türe aufmerksam gelauscht hat, und sagt streng zum Verlobten: »Daß du dich nicht unterstehst, mich unter 5000 zu nehmen!«

Der Brautvater: »Können Sie denn meine Rosl auch wirklich ernähren?«
Bräutigam, eifrig: »Was heißt ernähren!? Ersticken soll sie in ihrem eigenen Fett!«

»Herr Doktor, ich freu mich, daß Sie sich um meine Rosa bewerben. Aber das sag ich Ihnen: Mehr als 5000 Gulden kann ich ihr nicht mitgeben. Bedenken Sie: Ich hab' noch vier Töchter zu verheiraten!«
»Wozu soll ich sie dann heiraten? Soviel hab ich an Arzthonoraren ohnehin bei Ihnen zugut!«

»Sag, Silberkranz, ist es wahr, daß du in der Lotterie 50 000 Gulden gewonnen hast?«
»Ja, ich hab den Haupttreffer gemacht.«
»Heißt e Masel (Glück)! Jetzt brauchste nicht mehr zu heiraten!«

»Rachel, heirat endlich! Klaub nicht so viel herum! Du bist mies, du bist alt, du hast nur 500 Gulden Mitgift. Auf wen wartest du da?«
»Na und? Die Lea Goldbaum ist auch mies und alt und arm und sie klaubt auch.«
»Mit ihr kannst du dich nicht vergleichen. Lea hat ehrbare Eltern.«

»Warum wollen Sie dem jungen Pulvermann Ihre Tochter nicht geben? Er ist doch ein ganz tüchtiger Geschäftsmann!«
»Einen tüchtigen Geschäftsmann nennen Sie ihn?! Er hat seinen Gläubigern voll 75 Prozent geboten! Das ist kein Mann für meine Rosi!«

»Schau, Leah, den Chajim hab ich doch rausgeschmissen, wie er angehalten hat um unsere Rahel, weil ich gemeint hab', er is e Bettler. Und nu failliert er mit 100 000 Mark!«
»Und was wirste jetzt tun?«
»Ich wer' ihm schreiben, es war e Mißverständnis, ich hab' gemeint, er will anhalten um meine jüngere Tochter Rosel. Aber meine Tochter Rahel, die kann er haben!«

Der alte Kornfeld ist reich geworden. Nun schärft er dem Sohn täglich ein, er müsse unbedingt ein reiches Mädchen heiraten.
»Aber warum denn?« wundert sich der Sohn, »die Mame hatte doch keinen Heller und du hast sie genommen.«
»Das ist etwas anderes«, erklärt der Vater, »ich hatte ja selber auch nichts.«

Junger Jude zum reichen Bankier: »Herr Seidenkranz, ich hab gefunden Ihre Brieftasche. Es kommen mir zehn Prozent zu – das macht 1000 Gulden.«
Seidenkranz: »Wissen Se was? Ich geb Ihnen das Zwanzigfache, wenn Sie nehmen meine Tochter!«

Depesche des jungen Kohn an den alten:
»Soeben verlobt mit 100 000.«
Antwortdepesche: »Kronen oder Gulden?«
Der junge: »Gulden.«
Der alte: »Segen!«

Schwiegervater am Hochzeitsmorgen: »Hier, Isidor, haste die versprochenen 5000 Gulden Mitgift. Und nun versprich mir, daß du meiner Lea ein treuer und gütiger Ehemann sein wirst!«

Isidor, tief gerührt: »Sofort, Schwiegerpapa, laß mich nur erst nachzählen das Geld!«

»Srolke, was bist du so traurig?«
»Ich heirate. Ein schönes und reiches Mädchen.«
»Also warum die Trauer?«
»Wenn ich sie nehme, muß ich Trinken und Rauchen aufgeben.«
»Bitter! Warum nimmst du sie dann?«
»Wenn ich sie nicht nehme, muß ich etwas noch Wichtigeres aufgeben: das Essen!«

»Itzigleben! Mer gehn jetzt zum reichen Kukurudz, damit du kannst kennenlernen seine Tochter! Aber ich mach dich aufmerksam: Wenn se dir gefällt, darfst du es nicht offen zeigen! Wenn man will machen e gutes Geschäft, darf man die Ware, was man will kaufen, nicht loben, sondern muß sie herabsetzen!«

»Hast du aber eine schöne Frau!«
»Nicht wahr? Ich habe noch viele andere zum gleichen Betrag haben können, aber bei der habe ich sofort zugegriffen.«

»Erzvater Jakob war der glücklichste Mann der Welt!«
»Wieso?«
»Er arbeitete vierzehn Jahre für zwei Frauen – ich arbeite mein ganzes Leben lang für eine einzige!«

Der Rabbi kommt, um für eine Jeschiwa (Talmudhochschule) Geld zu sammeln, in ein reiches Haus. Er trifft im Empfangsraum einen alten Großpapa an. Aus dem Nebenzimmer erschallt ein fürchterlicher Krach.

»Verzeihung«, fragt der Rabbi höflich, »wer ist hier der Herr des Hauses?«
»Setzt Euch und wartet ein wenig«, schlägt ihm der alte Herr vor, »mein Sohn und meine Schwiegertochter sind im Nebenraum eben daran, die Frage zu entscheiden.«

»Joine, was treibt deine Riwke?«
»Danke der Nachfrage! Wenn's schön ist, ist sie im Garten. Aber wenn sie im Garten ist, ist es nicht schön.«

Avrom kommt zum Rebben und fragt: »Rebbe, am Jom Kippur (strengster Buß- und Fasttag) darf man nicht essen, nicht trinken, nicht rauchen, nicht arbeiten, nicht musizieren ... darf man wenigstens schlafen mit einer Frau?«
Der Rebbe: »Komm morgen wieder! Ich muß das klären.«
Am andern Tag. Der Rebbe: »Man darf. Aber nur mit der eigenen Frau ...«
Avrom: »Warum nur mit der eigenen Frau?«
Rebbe: »E Vergnügen darf es nicht sein.«

Klein Moses stürmt zur Mutter herein: »Stell dir vor, Mama, bei Papa ist ein Herr, der nennt ihn Ezechiel!«
»Nun ja, so heißt Papa ja tatsächlich.«
»Warum sagst du dann immer nur Schlemihl zu ihm?«

»Du bist Witwer geworden, Dowid? Mein Beileid! Wenn de dich wieder verheiraten möchtst, dann geh unbedingt zum Schadchen Finkelstein! Der ist in die feinsten Familien eingeführt!«
»Ich würd' ihm gern was zu verdienen geben. Aber ich kann nicht zu ihm. Ich schuld' ihm noch die Provision von meiner ersten Frau!«

Itzik, galant: »Riwkeleben, sitzt du auch gut in deiner Ecke?«
»Sehr gut.«
»Zieht es auch nicht? Schließt die Tür hinter deinem Rücken gut?«
»Alles ist in Ordnung.«
»Riwkeleben! Komm, laß uns die Plätz' tauschen!«

»Ham Se gehört, der Sternfeld bekommt eine Rettungsmedaille! Er hat seine Frau vor dem Ertrinken gerettet!«
»Den Mut hätt ich ihm nicht zugetraut!«
»Was heißt Mut? Seine Frau hat angehabt ihren ganzen Brillantenschmuck, ihre goldene Armbanduhr und ihre Smaragdringe!«

Feitel: »Was meine Sara mich kostet! Ich hab' sie heuer das zwölfte Mal nach Franzensbad geschickt!«
Eisik: »Chammer! Für die Reparaturkosten hättste längst haben können e Neue!«

»Wertheimer, ich hab gestern Ihre Frau als Odaliske auf dem Wohltätigkeitsball gesehen. Sie hat einen herrlichen Bau!«
Wertheimer, bitter: »Was hab ich von dem herrlichen Bau, wenn er alle Augenblicke neu verputzt werden und ich ihn zweimal jährlich nach Marienbad und Ostende zur Reparatur geben muß!«

Im Kurort. Die Frau: »Isidor, wolln wir unten auf der Promenad bleiben oder hinaufsteigen oben auf die Ruin?«
»Was brauch ich hinaufsteigen auf die Ruin, Sara? Daß ich hab dich hierher bringen müssen für vier Wochen, ist für mich Ruin genug!«

»Chaim, hier stell ich dir vor meine Frau. Wieviel Jahre gibst du ihr?«
»Kein einziges! Sie hat so schon genug!«

Der reiche Bienstock hält Mittagsschlaf. Da hört er draußen seinen Diener Anton ausrufen: »Gefallen!«
Entsetzt taumelt er hoch und ruft hinunter: »Wer ist gefallen? Die Sechsprozentigen?!«
»Nein, die gnädige Frau.«
»Nu«, sagt Bienstock erleichtert, indem er sich wieder auf das Kanapee legt, »wenn es gottlob nur meine liebe Rebekka ist und nicht die Sechsprozentigen!«

Der Rabbi: »Ihr solltet Euch schämen, Euch nach dreißig Jahren von Eurem Weib scheiden zu lassen!«
»Ihr habt Recht, Rabbi. Ich hätte vor neunundzwanzig Jahren kommen sollen!«

Rabbi Schmelkow hat eine feurige Bußpredigt gehalten. Alle sind tief beeindruckt und umringen nach der Predigt den Rabbiner.
Die Rabbinerin sagt stolz: »Wenn mein Mann öffentlich spricht, zittere ich!«
Darauf Rabbi Schmelkow, seufzend: »Und wenn mein Weib privat zu mir spricht, dann zittere *ich*.«

»Rabbi, findet Ihr es richtig, aus dem Unglück Eures Nächsten Kapital zu schlagen?«
»Gott behüte! Wie kommt Ihr darauf?«
»Dann solltet Ihr mir die 100 Zloty zurückgeben, die ich Euch für meine Traupredigt gezahlt habe!«

Der Vater: Nu, Moritzl, was habt ihr heute durchgenommen in der Schule?«

»Über Seidenraupen. Der Lehrer sagt, daß es nützliche Insekten sind.«
»Nützlich!? Laß dir nichts einreden! Schau dir an das Schneiderkonto deiner Mutter!«

»Moische, ich brauch e neu Kleid!«
»Das ist schon das dritte in diesem Monat. Du ruinierst mich!«
»Und du? Du bringst mich um mit deinem Geiz. Wenn ich tot bin, dann wirste sehen, daß eine Lewaje (Beerdigung) kostet mehr als e Kleid!«
»Du kannst nicht rechnen, Riwke: E Lewaje is nur einmal, und e Kleid alle paar Wochen!«

Moische liegt schwerkrank danieder. Sara sitzt weinend an seinem Lager.
»Sara«, flüstert Moische mit letzter Kraft, »schwör mir, daß du, wenn ich sterb, keinen andern Mann mehr anschauen wirst!«
»Gut, Moische«, verspricht Sara heulend, »aber was ist, wenn du wieder gesund wirst?«

»Ruben, du hast mich nie geliebt. Wenn ich jetzt sterbe – ich schwör, in zwei Monaten bist du wieder verheiratet!«
»Schwör nicht, Riwke, ich glaub dir auch so!«

Ein Jude steht auf dem Friedhof und weint laut.
»Bitter ist mein Los!« klagt er, »warum bist du so früh gestorben?«
»Wem jammert er so herzzerreißend nach?« fragt ein mitleidiger Friedhofbesucher einen Einheimischen.
Dieser erklärt: »Dem ersten Mann seiner Frau.«

Zwei Freunde treffen sich.
Fragt der Wolfstein: »Was bist Du so betroppezt, Jankel?«
»Ich kann meiner Frau keine Mezejwe (Grabstein) stellen«, antwortet Birnbaum tieftraurig.
»Bist du verrückt geworden?! Deine Frau lebt doch noch!«
»Ja«, bestätigt Birnbaum, »das ist doch eben das Unglück!«

Maseltow: Gut Glück! Gratulationsformel.
Isaak kommt ins Café und erzählt seinem Freund: »Du, ich hab geheiratet.«
»Maseltow!«
»Eine alte Frau ...«
»Beileid!«
»Mit einem großen Haus.«
»Maseltow!«
»Es ist abgebrannt.«
»Beileid!«
»Meine Frau ist mitverbrannt.«
»Maseltow!«

Viehhändler Moses steht ungerührt am Sarg seiner Frau.
»Ich versteh dich nicht, Moses«, wundert sich sein Freund, »wie dir vorigen Monat ein Kalb umgestanden ist, haste geweint wie e Kind. Und jetzt biste ganz vergnügt?«
»Nu – was ist da so schwer zu verstehn? Wie meine Frau gestorben ist, haben mir alle Nachbarn sofort e neue Partie vorgeschlagen. Aber für das tote Kalb hat mir keiner ein anderes geben wollen.«

Die Frau des Schankwirts Abramski auf dem Dorf draußen

liegt eines Tages starr und unbeweglich da und läßt sich durch kein Rütteln wieder aufwecken. Offenbar ist sie tot. Abramski holt den Kutscher Iwan, damit er die Frau zur nächsten jüdischen Gemeinde transportiere.
Unterwegs aber, an einer besonders holprigen Stelle, wacht die Frau plötzlich wieder auf...
Ein Jahr später liegt sie wieder starr und unbeweglich da. Da sie sich nach vielen Stunden immer noch nicht rührt, holt Abramski wieder den Kutscher, und die Fahrt zur Stadt geht wieder los...
Als sie bei der holprigen Stelle ankommen, warnt Abramski erschrocken: »Vorsichtig! Iwan! Vorsichtig!«

Ehepaar Blau ist nach New York ausgewandert und bewohnt im 13. Stockwerk eines Hotels ein kleines Zimmer. Freund Grün ist ebenfalls hierher ausgewandert, und sooft Blau verreist ist, besucht er Frau Blau.
Einmal, mitten in der schönsten Unterhaltung, rasselt es im Schlüsselloch.
»Das kann nur Blau sein«, schließt Frau Blau entsetzt, »schnell, spring aus dem Fenster!«
»Bist Du verrückt!« protestiert Grün, »ich soll springen aus dem 13. Stockwerk?!«
Frau Blau, streng: »Spring! Jetzt ist ka Zeit für Aberglauben!«

Finkelstein hat die schöne Sara trotz ihrer sehr fragwürdigen Vergangenheit geheiratet. Sie hat ihm hoch und heilig versprochen, ihren Lebenswandel radikal zu ändern.
Als er aber einmal überraschend nach Hause kommt, findet er sie vertieft in einen ganzen Berg von Billets-doux.
Finkelstein ist außer sich. »Du liest die Liebesbriefe, anstatt sie ungelesen zu verbrennen?!« fragt er empört.

»Aber sei doch gescheit!« beruhigt ihn Sara, »es gibt ja auch Männer, die ihren Anträgen gleich eine à Conto-Zahlung beilegen!«

Mondek Finkelstein hat eine längere Geschäftsreise vor. Seine Frau begleitet ihn zur Bahn.
»Wirst du mir treu sein?« fragt sie ein ums andere Mal.
Mondek verliert die Geduld: »Saraleben – wie kann ich das wissen? Ich bin Reisender in Damenwäsche – aber kein Prophet.«

Ginzburger, frisch verheiratet, kommt erbittert zum Schadchen gelaufen, der ihm die Partie vermittelt hat:
»Sie gemeiner Kerl! Ich hab Ihnen doch gesagt, ich will nur eine Frau mit tadellosem Ruf! Und nun erzählt mir jemand aus ihrer Geburtsstadt, daß sie bereits mit Zwillingen niedergekommen ist!«
Darauf der Schadchen, beruhigend: »Warum die Aufregung? Sie sind doch e gescheiter Mann und sollten wissen, daß immer nur die Hälfte von dem wahr ist, was die Leut reden!«

Ein jüdischer Kaufmann aus der Provinz braucht einen neuen Verkäufer. Aus dem großen Angebot sucht er schließlich zwei heraus, die beide sehr tüchtig sein sollen. Aber beide haben sie einen großen Fehler. Der eine ist ein Ganev (Dieb), der andere ein Schürzenjäger. Schließlich fragt er seine Frau um Rat.
»Natürlich nimmst Du den Schürzenjäger«, entscheidet sie, »ich leg mich lieber zehnmal mit dem Verkäufer ins Bett als daß ich mich ein einziges Mal von ihm beganvenen laß.«

»Du, der Blau, dieser notorische Schürzenjäger, will mir

weismachen, er sei seiner Frau die ganzen letzten drei Jahre über treu geblieben!«
»Die letzten drei Jahre? Das wird schon stimmen. Solange hat er nämlich wegen Wechselfälschung gesessen.«

Cohn überrascht seine Frau in flagranti mit einem Offizier. Der Offizier erhebt sich, verbeugt sich und erklärt: »Ich stehe Ihnen zur Verfügung. Ich bin morgen zuhause.«
»Ich auch«, versichert Cohn eifrig, »ich auch!«

»Stell dir vor, wie ich gestern unerwartet nach Hause komme, höre ich durch die Tür, wie mein Kassierer zu meiner Frau sagt, er möchte mit ihr durchgehen. Nur: er habe kein Geld.«
»Du hast ihn sicher sofort hinausgeworfen?«
»Was fällt dir ein! Ich habe den Kassaschlüssel auf dem Schreibtisch liegen lassen!«

Ein achtzigjähriger Kaufmann namens Isidor Wunder heiratet ein blutjunges Mädchen – und siehe da, es stellt sich Nachwuchs ein! Wunder schaut kopfschüttelnd auf den Säugling in der Wiege und murmelt: »Is es e Wunder, dann is es e Wunder. Is es ka Wunder – dann is es ka Wunder.«

Nach langer Zeit kommt der alte Blau wieder ins Bordell.
»Joj, der Herr Blau is wieder da!« ruft Madame Rosa entzückt, »aber jetzt weiß ich gar nimma Ihren Gusto! Soll's gelbe Haar haben oder rote oder schwarze?«
Blau, schwermütig: »Geduld soll's habn!«

Zwei Achtzigjährige unterhalten sich über die Erfüllung ehelicher Pflichten.

»Bei mir geht es noch zweimal...«
»Donnerwetter!«
»Aber dazwischen muß ich sehr schwitzen.«
»Wieso schwitzen?«
»Nu – einmal im Sommer und einmal im Winter...«
»Aha. Und wie war es letzten Sommer?«
»Nu – hatten wir denn überhaupt einen?«

Grünblatt kommt unerwartet nach Hause und erwischt seine Frau in flagranti mit einem fremden Herrn.
»Was geschieht hier?« fragt er empört.
»Sehn Sie!« sagt die Frau zu dem Herrn, »ich habe Ihnen ja gesagt, daß er dumm ist!«

Berlinerblau erwischt seine Gattin in sehr verdächtiger Situation mit seinem Freund.
»Ruchlose!« schreit er. »Ich weiß alles!«
Die Gattin: »Aufschneider! Wann z. B. hat Saul die Philister geschlagen?«

Herzfeld will sich von seiner jungen und schönen Frau scheiden lassen. Alle Bekannten überhäufen ihn mit Fragen und Vorwürfen.
Herzfeld zieht einen Schuh aus, zeigt ihn den Freunden und sagt: »Schaut ihn an, wie schön und neu er ist! Sieht man ihm an, wie er drückt?«

Sprechstunde beim Rabbi.
»Rabbi, mein Kassierer hat mich bestohlen und ist nach Amerika ausgerückt.«
»Aber die Ausstände sind noch da. Tröste dich, es hätte schlimmer kommen können!«
Ein zweiter kommt.

»Rabbi, mein Haus ist abgebrannt.«
»Aber es war versichert. Tröste Dich, es hätte schlimmer kommen können.«
Ein dritter kommt.
»Rabbi, wie ich gestern unerwartet von der Reise heimkomme, treffe ich meine Frau in flagranti mit meinem besten Freund. Ich habe ihn schrecklich verprügelt.«
»Unangenehm«, bestätigt der Rabbi, »aber es hätte schlimmer kommen können.«
Als der betrogene Ehemann fortgegangen ist, fragt ein Freund des Rabbi, der alles mit angehört hat: »Den Trost, den du den beiden ersten gespendet hast, begreife ich. Aber was hätte bei dem Dritten ärger kommen können?«
»Sehr einfach«, erklärt der Rabbi. »Er hätte einen Tag früher heimkehren können. Dann hätte er mich bei seiner Frau angetroffen und die Schläge hätte ich gekriegt.«

»Elias, ich bin doch dein bester Freund!«
»Ja, sicher, David!«
»Darum vertrau ich dir an: Dein Weib betrügt uns alle beide!«

»Hör zu. Esther, ich hab ein volles Jahr im Zuchthaus gesessen – und jetzt find ich dich mit einem neugeborenen Kind!«
»Nu – ist nicht genug, daß *ich* daheim war?«

Mordechai ist zur Sommerfrische am Balatonsee. Er sieht im Wasser eine reizende Dame, geht auf sie zu und küßt sie.
Die Dame: »Sie unverschämter Don Juan! Das werden Sie mir bezahlen!«
Mordechai: »Aj waj! Bezahlen?! Ich dachte, ich habe es mit einer Dame zu tun!«

Wien. Frau Grün und Herr Blau treffen sich zufällig auf der Kärtnerstraße. Zufällig eilen beide zum Südbahnhof, also eilen sie gemeinsam. Beide wollen auf den Semmering. Also fahren sie zusammen. Und dort ist alles besetzt bis auf ein einziges Doppelzimmer. Also nehmen sie es und stellen einen Paravent zwischen die beiden Betten ...
Herr Blau schläft und schnarcht.
Frau Grün liegt wach und säuselt: »Herr Blau. Es zieht mir. Bitte schließen Sie das Fenster!«
Blau knurrt unwillig, schlurft zum Fenster, macht es zu und legt sich wieder schlafen.
Frau Grün, nach einer Weile: »Herr Blau, es wird zu stikkig. Bitte öffnen Sie das Fenster wieder!«
Blau stöhnt erbittert, steht aber doch auf und öffnet das Fenster. Dann legt er sich wieder hin und schnarcht.
Frau Grün, nervös: »Herr Blau, ich habe Durst. Bitte bringen Sie mir ein Glas Wasser!«
Da setzt sich Blau auf und sagt streng: »Frau Grün, Gott hat gewollt, daß wir uns treffen auf der Kärtnerstraße, Gott hat gewollt, daß wir fahren zusammen auf den Semmering, Gott hat gewollt, daß wir finden nur ein Doppelzimmer – wenn Sie meinen, Gott hat gewollt, daß wir werden wie Mann und Frau, dann stehen Sie gefälligst selbst auf und holen Sie sich das Glas Wasser selbst!«

»Papa, wie fängt eigentlich ein Krieg an?«
»Nu – stell dir vor, England und Frankreich bekommen Streit.«
Die Mutter mischt sich ein: »Warum sollten England und Frankreich Streit bekommen? Sie sind doch die besten Freunde!«
Der Vater: »Aber es ist ja nur eine Annahme.«
Die Mutter: »Wozu so einen Blödsinn annehmen?«

Der Vater: »Du blöde Kuh!«
Die Mutter: »Wenn ich eine Kuh bin, bist du ein Ochs. Du hast um mich geworben!«
Der Junge: »Papa, lassen wir die Frage! Ich weiß jetzt, wie ein Krieg anfängt!«

»Nochim, morgen laß ich die Gans schlachten.«
»Warum gerade morgen, Sara?«
»Weil morgen unser Hochzeitstag ist.«
»Und warum willst du die unschuldige Gans dafür bestrafen? Schuld war doch einzig und allein der Schadchen!«

Geld

1463. Großhändler Selig an das Burgfräulein Kunigunde:
Bei Durchsicht meiner Bücher stelle ich fest, daß von 1462 noch ein Betrag von Talern 15 nicht bezahlt ist. Sollten Sie nicht schicken binnen zwei Wochen das Geld, werd' ich mir erlauben, zu berennen die Burg.

Talmudische Geschäftsführung.
Schmelke Rokeach hat bisher nur den Talmud studiert. Jetzt aber hat er geheiratet. Sein Schwiegervater wünscht, daß er sich geschäftlich betätigen soll und stellt ihm zu diesem Zweck die Mitgift seiner Tochter zur Verfügung.
Schmelke ist einverstanden, zuvor aber sucht er Anweisungen im Talmud, wie man Geschäfte betreiben soll. Und er findet die Stelle:
»Willst du gewinnreichen Handel treiben, so sieh zu, daß du eine Ware feilbietest, die niemand außer dir zu verkaufen hat.«
Das leuchtet Schmelke ein. Er fährt zur Leipziger Messe, sucht lange und findet endlich die gesuchten Sensationen: Handschuhe ganz ohne Finger und Strümpfe mit Fingern für die Zehen. Eilig greift er zu ...
Zu seiner Verwunderung erweisen sich beide Artikel als unabsetzbar.
Abermals greift er zum Talmud, der bekanntlich für jede Lebenslage einen weisen Rat bereithält, und findet die Stelle:
»Besitzest du eine Ware, die du nicht verkaufen kannst, so gehe hin und biete sie zum Tausch an gegen eine, die sich eher absetzen läßt. Selbst wenn du einen kleinen Verlust

dabei erleidest, hast du immer noch einen Gewinn davongetragen.«

Das leuchtet Schmelke ebenfalls ein. Er treibt zwei Kommissionäre auf und übergibt jedem der beiden einen seiner zwei Artikel mit dem Auftrag, ihn auch gegen Verlust für einen andern einzutauschen.

Beide Kommissionäre reisen zur Leipziger Messe, von beiden erhält Schmelke am gleichen Tag einen Brief mit der freudigen Mitteilung, nach unendlicher Mühe hätten sie endlich Erfolg gehabt.

Wenige Tage später trifft die eingetauschte Ware ein: Der Kommissionär, der die Strümpfe absetzen sollte, schickt die Handschuhe, und der, welcher die Handschuhe eintauschen sollte, schickt die Strümpfe ...

Schätzung auf Talmudisch.

Jankel hat zwei Ringe geerbt und bringt sie zum Juwelier Goldblatt zum schätzen.

Dieser schiebt unwillig den Talmudfolianten beiseite, den er gerade studiert, ergreift die Ringe, dreht sie lange hin und her und erklärt schließlich: »Hätten Sie mir nur einen Ring gebracht, so hätte ich gesagt, er hat ka Wert. Da Sie mir aber zwei Ringe bringen, muß ich zugeben, sie haben alle zwei e Wert: Der eine ist soviel wert wie der andere.«

Bartkunde.

Orthodoxe Juden tragen immer einen Bart.

Abeles führt seinen Sohn ins Geschäftsleben ein:

»Wenn ein Jude mit zerzaustem Bart zu dir kommt, kannst du ihm ohne weiteres kreditieren.

Einem Juden mit geteiltem Bart darfst du nur mit Vorsicht Kredit geben.

Und einem Juden mit glattem Spitzbart – keinen Heller!«
»Tate – wo bleibt da die Logik?«
»Nu, der mit zerzaustem Bart geht Tag und Nacht herum und grübelt: Wie soll ich bloß bezahlen?!
Der mit geteiltem Bart denkt sich: Je nachdem.
Und der mit dem Spitzbart streicht sich den Bart gemütlich glatt und sagt sich: Ich zahl nix!«

Das Zinsverbot des christlichen Mittelalters geht eigentlich auf das Alte Testament zurück. Als die Juden im Exil von der vorwiegend agrarischen zur städtischen Lebensweise übergingen, gaben sie es dennoch auf, genau wie die Christen in der Neuzeit. –

Der Rabbi: »Herr Patrontasch, ich möcht' mir 100 Gulden bei Ihnen auf Zinsen leihen!«
»Aber Rebbe! Ihr habt doch erst gestern gepredigt, daß auf Zinsen auszuleihen ist schlimmer als Mord?!«
»Nu gut, leihen Sie mir das Geld ohne Zinsen!«
»Das Rebbe, wäre wiederum Selbstmord.«

»Was bringst du mir vier Prozent von dem Geld, das ich dir geliehen hab'? Du hast mir doch versprochen, mich zu beteiligen mit 50 Prozent am Reingewinn!«
»Das stimmt schon. Aber schau: Du bist doch ein frommer Mann. Wie willst du dich da beteiligen am Reingewinn von e Wuchergeschäft!«

Schloime, der Hausierer, schwach, mager, kränklich, schleppt sich mit seinem schweren Warenkasten auf dem Rücken mühsam auf der heißen Landstraße dahin. Da kommt der reiche, kräftige Bauer Iwan daher.
»Iwan«, bittet Schloime, »trag mir den Kasten! Ich geb dir 20 Kreuzer dafür!«

Iwan ist beleidigt. Dem Juden den Kasten tragen? Von ihm ein Trinkgeld annehmen? Stolz lehnt er ab.
Sie wandern weiter nebeneinander her. Schloime spürt, lang wird er es nicht mehr schaffen. Da hat er eine Idee.
»Iwan«, bittet er, »du bist doch ein reicher Mann. Und ich bin im Augenblick knapp mit Geld. Leih mir fünf Gulden zu einem guten Zins. Als Pfand laß' ich dir meinen Kasten mit der ganzen Ware drin!«
Schloime öffnet den Kasten und breitet den Kram vor Iwan aus. Dem gehn die Augen über. Hurtig gibt er dem Juden die fünf Gulden und greift nach dem Kasten.
Abermals gehen sie lange schweigend nebeneinander her. Es beginnt, abendlich kühl zu werden, und das Städtchen ist schon nahe.
»Iwan«, sagt plötzlich Schloime, »ich hab mir's überlegt. Ich verzichte auf die Anleihe. Da hast du deine fünf Gulden zurück und fünf Kreuzer als Zinsen dazu! Und nun gib mir mein Pfand zurück!«

Efraim, der arme Hausierer, bittet den Fährmann: »Bring mich über den Fluß!«
»Und das Geld?«
»Hab ich nicht. Ich werd dir dafür eine gute Ejze (= Rat) geben, wie du reich werden kannst.«
Der Fährmann zögert, schließlich läßt er sich auf das Geschäft ein.
Als sie auf der andern Flußseite ankommen, fragt er neugierig: »Nu, und die Ejze?«
»Meine Ejze? Wenn du zu etwas kommen willst, fahr keinen mehr ohne Geld hinüber!«

Der Chef, Weingroßhändler, zu seinem Reisenden: »Sie begeben sich jetzt auf die Tour und lassen keinen nennenswerten Ort aus, in welchem es auch nur ein einziges größeres Wirtshaus oder Weingeschäft gibt. Und von jedem Ort aus telegraphieren Sie mir den Erfolg!«

Tag um Tag treffen Telegramme ein:

Rogasen – zum Rasen!

Schrimm – schlimm!

Schönlanke – ich danke!

Posen – keine Rosen!

Die nächste Station ist Obornik. Diesmal findet der Reisende seinerseits postlagernd ein Telegramm von seinem Chef vor:

Obornik – komm bald zurück!

Rosenblüh hat mit seinem Compagnon Feiglstock Streit bekommen. Er wirft ihm Unfähigkeit vor.

»Dich verkauf ich hundertmal, eh du mich ein einziges Mal!« ruft er bitter aus.

»Ich glaubs!« bestätigt Feiglstock, »wer wird bieten für dich e Heller!«

Der Sohn ist aus der Kleinstadt nach Warschau übergesiedelt und dort finanziell arriviert. Der Vater, armer Schammes (Synagogendiener) in Zamość, kommt manchmal den Sohn besuchen und regt sich jedesmal über die nach seiner Meinung verschwenderische Lebensweise des Sohnes auf. Er begreift nicht, daß die Ausgaben des jungen Mannes durchaus in einem vernünftigen Verhältnis zu dessen Einnahmen stehen.

Als nun des Vaters Geburtstag herannaht, schickt ihm der Sohn einen sehr schönen Pelzmantel. Um aber die vom Vater so geschätzte Sparsamkeit vorzutäuschen, legt er einen Brief bei mit der – natürlich unwahren – Erklärung, der Mantel habe nur achtzig Rubel gekostet. In Wirklich-

keit hat der Sohn für das Prachtstück ein Vielfaches bezahlt...
Drei Tage später ist ein Telegramm von Vater da: »Bitte schick mir noch ein Dutzend solcher Mäntel! Ich habe den meinen mit 30 Rubel Gewinn verkauft!«

Rabinowitz, Hopfen en gros, will von seiner Geschäftsreise aus ein Telegramm an seine Frau aufgeben:
»Hopfen gut verkauft. Komme Freitag Abend. Tausend Küsse Julius.«
Das Telegramm stellt sich aber ziemlich teuer. Rabinowitz regt sich darüber auf.
»Kein Grund zur Aufregung«, rät der Beamte, »Sie kürzen einfach den Text!«
»Gut«, sagt Rabinowitz, »wollen wir sehen, was man weglassen könnte! ›Hopfen‹ – ich handle mit Hopfen, das weiß meine Frau, das brauche ich nicht eigens zu sagen. Also streichen. ›Komme Freitag Abend‹ – ich bin doch nicht meschugge, über Schabbes wegzubleiben! Das weiß meine Frau. Das kann man streichen. ›Tausend Küsse Julius‹ – nu, wer soll denn sonst an meine Frau tausend Küsse schicken? Etwa der Rebbe? Das kann man streichen... Also Sie sehn, ich kann mir das ganze Telegramm sparen.«

»Schachne, du hast auf Ehrenwort versprochen, die 100 Gulden bis zum Fünfzehnten zurückzugeben – und jetzt haben wir schon den Dreißigsten! Du hast dein Ehrenwort nicht eingelöst!«
»Nu – hab' ich's nicht eingelöst, dann es es eben verfallen. Du kannst es also behalten, mein Ehrenwort!«

Pomeranz kommt zum Grafen. Er will ihm die Ernte abkaufen. Sie werden einig über den Preis.

»Die Hälfte der Summe«, erklärt Pomeranz, »zahle ich sofort in bar; die zweite Hälfte gegen Ehrenwort in drei Tagen.«
Der Graf: »Ich soll dem Ehrenwort eines Juden vertrauen!?«
Pomeranz: »Aber Herr Graf, doch nicht meinem! Vor einem Jahr hat Ihr Herr Bruder bei mir 3000 Rubel gegen Ehrenwort für drei Tage entliehen – das habe ich noch heut'! Ich offeriere es Ihnen!«

Löwenstein hat ein schönes Pferd gekauft und möchte es gern mit Gewinn weiterverkaufen.
Der Graf Alvenstein schaut sich den Gaul von allen Seiten an und will dann wissen: »Sind Sie ganz sicher, daß das Pferd nicht furchtsam ist?«
»Aber was fällt Ihnen ein!« versichert Löwenstein, »es hat bei mir volle acht Tage im dunkeln Stall mutterseelenallein gestanden und ist ganz ruhig geblieben!«

Kohn hat die Stelle eines Vorreiters bei einem Pferdehändler gerade angetreten. Er kennt sich im Stall seines Herrn noch nicht aus – da wird er in den Hof herunter gerufen, wo ein fremder Herr neben einem gesattelten Pferd steht. Kohn zieht seinen Chef beiseite und raunt ihm ins Ohr: »Soll ich vorreiten zum Kaufen oder zum Verkaufen?«

»Berl, biet mir für meinen Gaul 100 Gulden!«
»Für den Kadaver?! Keine 20!«
»Schau, du brauchst ihn ja nicht zu nehmen! Aber wenn ich morgen zum Viehmarkt komm', möcht' ich ehrlich schwören können, daß man hat mir geboten für den Gaul 100 ...«

Jankew legt dem Rittmeister von Schönwitz die fälligen Wechsel vor.
Von Schönwitz läßt Cognac servieren und fängt mit Jankew eine freundliche Unterhaltung an.
Darauf Jankew: »Ich sag' Ihnen, Herr Rittmeister: entweder oder. Entweder Sie zahlen oder Sie werfen mich raus – aber halten Sie mich nicht auf mit leeren Redensarten!«

Roth, angestellt bei Weiss, kommt zum Chef und denunziert den Schwarz: »Er stiehlt aus der Kasse.«
Der Chef läßt den Schwarz zu sich kommen und fragt ihn: »Wieviel verdienen Sie in der Woche?«
»20 Rubel.«
»Davon können Sie nicht leben«, meint Weiss, »ich verdopple Ihr Gehalt.«
Roth ist außer sich: »Herr Weiss, ist das eine Art, auf Diebstahl zu reagieren?«
»Sie haben recht«, bestätigt Weiss, bestellt den Schwarz wieder zu sich: »Sie bekommen 60 Rubel pro Woche.«
Roth kann es gar nicht aushalten: »So belohnen Sie also Diebe! Mir haben Sie das Gehalt seit zehn Jahren nicht aufgehöht!«
»Geduld«, tröstet der Chef, »warten Sie ab bis Wochenende! Dann feure ich den Schwarz. Der Lump soll dem Verlust einer Stellung für 60 Rubel und nicht einer für 20 Rubel nachweinen!«

Laden für Herrenunterwäsche. Commis leise zum Chef: »Herr Löwenberg! Der Kunde da will wissen, ob diese Unterhosen beim Waschen eingehen?«
Der Chef, ebenso leise: »Passen sie ihm?«
Commis: »Nein, sie sind zu groß. Wir haben seine genaue Größe nicht mehr am Lager ...«
Chef: »Dann gehen sie ein.«

»Nathanson, ich hab dich immer für'n anständigen Menschen gehalten und geglaubt, du wirst mir die 1000 Mark zurückgeben, die du bei mir geliehen hast!«
»Werd ich auch, Herr Leibowitz! Ich sag Ihnen: Und wenn ich nachts einbrechen und das Geld stehlen müßt' – so will ich doch als ehrlicher Mann vor Ihnen stehen und meine Schuld bezahlen!«

Scholem Krojanker in Meseritz bleibt seinem Stofflieferanten in Posen eine Sendung im Wert von 120 Mark ewig schuldig. Jeder persönlichen Begegnung mit dem Lieferanten weicht Krojanker aus, und auf schriftliche Mahnungen reagiert er überhaupt nicht.
»Was machen wir bloß?« fragt der Lieferant bekümmert seinen neuen Commis.
»Ich hab eine Idee«, schlägt dieser vor, »wir schicken an Krojanker eine Mahnung auf 180 Mark und sehen zu, was er tun wird!«
Postwendend kommt aus Meseritz die Antwort:
»Sie unverschämter Mensch! Bei Ihnen bestelle ich nie mehr etwas! Wie können Sie es wagen, mich um 180 Mark zu mahnen? Ich schulde Ihnen nur 120 und keinen Pfennig mehr. Beiliegend erhalten Sie den Betrag – wenn Sie sich unnütze Kosten machen wollen, dann, bitte, verklagen Sie mich!«

Silberstern ist mit seiner Bank unzufrieden und schreibt an die Direktion des Instituts: »Ich möchte erstens eine höhere Verzinsung meiner Kapitalien und wünsche zweitens dringend, ehrlich und anständig bedient zu werden.«
Die Antwort lautet: »... Was Punkt eins angeht, so läßt sich eventuell darüber reden. Was aber Punkt zwei angeht, so bedauern wir, uns nicht auf neue Experimente einlassen zu können.«

Gelbwasser entläßt seinen treuen Kassierer nach fünfundzwanzigjährigen tadellosen Diensten.
»Was hab ich mir zuschulden kommen lassen?« fragt dieser gekränkt.
Darauf Gelbwasser: »No na – werd ich warten, bis!«

»Was hör ich? Mit dem Schmilkowski, dem Lumpen, machen Sie nach wie vor Geschäfte?! Sie haben doch selber erzählt, wie er Sie einmal angeschmiert hat!«
»Wie heißt! Haben Se eine Ahnung, was ich inzwischen von ihm alles gelernt hab!«

»Was biste so traurig, Gedalje?«
»Ich hab' failliert und mein ganzes Geld verloren!«
»Daß man failliert, das hab' ich schon gehört. Aber daß man dabei sein Geld verliert – das hab' ich noch nie gehört!«

Die polnischen Juden waren zum großen Teil so arm, daß viele versuchten, schwarz zu fahren.
Zwei polnische Juden, beide Commis Voyageurs, sitzen sich in den Zwanziger Jahren im Bahncoupé gegenüber.
»Wie gehn bei Euch in der Stadt die Geschäfte?« will der eine wissen.
»So schlecht«, klagt der zweite, »daß nicht einmal mehr die auf die Reise gehn ihre Billette nicht zahlen.«

Der Buchhalter zum Chef: »Herr Schmelkes, der Silberblatt hat geschickt 300 Gulden zu viel. Was soll ich tun?«
»Das fragen Sie? Immer korrekt handeln! 150 Gulden schreiben Sie mir gut und 150 meinem Compagnon!«

Lemberg. Mendel Löb, Herrenbekleidung, muß ausgehen. Er bittet seinen einstweilen noch geschäftsunerfahrenen Schwiegersohn, ihn inzwischen im Laden zu vertreten und instruiert ihn: »Auf den Ettiketten steht der Preis nicht in Zahlen, sondern du findest Punkte auf ihnen: Ein Punkt bedeutet 10 Kronen, zwei Punkte 20 Kronen, drei Punkte 30 Kronen etc. Du verlangst von den Kunden natürlich zunächst das Doppelte, und dann gehst du notfalls bis auf den angezeichneten Preis hinab ...«
Als Mendel zurückkommt überreicht ihm der Schwiegersohn 120 Kronen und sagt: »Tate, ich hab einen Paletot verkauft.«
Mendel wundert sich: »Wir haben doch gar keine so teure Ware am Lager!«
»Bitte«, sagt der Schwiegersohn, »hier ist das Etikett! Sechs Punkte, macht 120 Kronen!«
Mendel setzt die Brille auf, starrt lange auf das Etikett und sagt dann begeistert: »Gesegnete Fliegen!«

Efraim feiert sein Geschäftsjubiläum. Der Vorsteher der Kultusgemeinde erscheint mit einer Deputation, um zu gratulieren und betont in seiner Ansprache Efraims Unbescholtenheit.
Darauf Efraim, tief gerührt: »Es ist genau so, wie der Herr Vorsteher es sagen: Fünfzig Jahre lebe ich unter Euch, und man kann mir nischt beweisen!«

Goldfarb wird vom Gendarmen durch die Stadt geführt. Finkelstein sieht es und fragt:
»Um Gottes Willen, was haste getan?«
»Ich hab auf dem Markt e Strick gefunden und mitgenommen.«

»Und dafür sperren sie dich ein! Die Antisemiten!«
»Nu, es hat sich hinter dem Strick nachgeschleppt e Kuh...«

»Bei dir hat es gebrannt? Warst du auch gut versichert?«
»Was fragste? Hätt' es sonst bei mir gebrannt?«

»Stell dir vor, Awremel, mein eigener Schwiegersohn nennt mich einen Ganew (Dieb, Gauner)!«
»Nu, was ist dabei? In der eigenen Familie gibt es keine Geheimnisse!«

Berl kommt ins koschere Restaurant, setzt sich neben einen Fremden und sagt zu ihm:
»Ich glaube, wir sind uns schon gestern Nacht hier im Restaurant begegnet.«
Der Fremde: »Ich hab Euch mein Lebtag nicht gesehn!«
Berl: »Ich Euch auch nicht. Ich erkenne Euch an Eurem Schirm.«
Der Fremde: »Den hatte ich gestern gar nicht bei mir.«
Berl: »Eben! Ich hatte ihn!«

Im Restaurant. »Nelkenstock, haste schon bezahlt?«
»Nein.«
»Ich auch nicht. Also worauf warten wir noch?«

Mandelbaum hat mit seinen Freunden bis tief in die Nacht hinein gezecht. Als er am andern Morgen mit schwerem Kopf aufwacht, kann er sich zwar noch erinnern, einem von ihnen 20 Gulden geliehen zu haben – er weiß aber nicht mehr, wem!
Er klagt seinem Weib seinen Kummer. Sie aber weiß Rat.
»Du gehst von einem zum andern«, schlägt sie vor, »und

sagst zu jedem: ›Guten Morgen! Nu – und das Geld?‹ Dann wird der Schuldner schon zahlen ...«
Das leuchtet Mandelbaum ein. Er macht sich auf und betritt das Haus des ersten Zechkumpanen. »Guten Morgen«, sagt er freundlich, »und das Geld ...«
Dieser ist ganz gerührt: »Das ist aber schön von dir, daß du dich endlich erinnerst, bei mir im Vorjahr 50 Gulden geliehen zu haben! Ich hab schon gefürchtet, du habest es vergessen!«

Bruchband, berüchtigter Falschspieler, kommt aus Przemysl zum ersten Mal nach Wien und sucht natürlich sofort nach einem Café, wo man Karten spielt. Artig bittet er um die Erlaubnis, mitspielen zu dürfen. Die Herren sind einverstanden.
Kurz darauf sagt einer von ihnen: »Ich hab vier Könige!« und greift nach den Einsätzen.
»Halt!« schreit Bruchband, »erst vorzeigen!«
Die Herren sind empört.
»Was denken Sie, wo wir sind?« sagt einer von ihnen streng, »bei uns hat man zu glauben, was einer sagt!«
Bruchband entschuldigt sich erschrocken und spielt von jetzt an schweigend mit.
Am nächsten Tag kommt er mit 200 Gulden nach Przemysl zurück.
»Wie ist das möglich?« wundert sich seine Frau.
»Nu, Kunststück!« erklärt Bruchband, »bei *die* Usancen!«

Kahn und Bollag spielen Karten im Café.
Plötzlich springt Kahn außer sich vor Zorn auf und schreit:
»Bollag! Sie betrügen!«

»Nu«, antwortet Bollag gemütlich, »das weiß ich doch selbst. Wozu also das Geschrei?«

Kukuruz hat in Tschernowitz beim Kartenspiel alles verloren und ist nach erheblichen Unterschlagungen nach Berlin verschwunden. Auch dort zieht es ihn wieder in die Caféhäuser, aber einstweilen begnügt er sich damit, bescheiden beim Kartenspiel der andern zu »kiebitzen«. Abend für Abend steht er hinter den Spielern und erteilt ihnen Ratschläge.
Diese kommen allmählich zur Überzeugung, es mit einem glänzenden Kenner zu tun zu haben, und eines abends fordert ihn einer der Kartenspieler auf: »Wollen Sie sich nicht zu uns setzen?«
Unter den Spielern ist aber einer aus Tschernowitz, und der mischt sich ein: »Laßt ihn stehn! Wenn er hätt wollen sitzen, hätt er bleiben können in Tschernowitz.«

Im Café von Neutra, dem bekannten Diebesnest in Ungarn, sitzen ein paar Juden beim Kartenspiel.
Plötzlich springt Isidor auf und schreit: »Gewalt! Einer von Euch spielt falsch!«
Die andern wundern sich: »Wieso? Wie kommst du darauf? Und wer soll denn das sein?«
»Was weiß ich, wer es ist«, randaliert Isidor, »aber ich hab gehabt im Stiefel ein fünftes As – und einer hat es mir gestohlen!«

Der Neffe aus Neutra besucht seinen Onkel in Budapest, logiert auch bei ihm.
Einmal, als der Neffe von einem Ausgang nach Hause kommt, sieht er, wie der Onkel vor seinem – des Neffen – Koffer kniet und ein zweites Schloß daran befestigt.

»Aber Onkel«, fragt der Neffe verwundert, »wozu soll das gut sein? Der Koffer ist doch bereits abgeschlossen, da kann ja keiner was rausnehmen!«
»Ich fürchte nicht, daß jemand wird was rausnehmen«, erklärt der Onkel, »ich fürchte umgekehrt, daß jemand könnte noch etwas reinlegen...«

Schloime, der Hausierer, muß oft durch dunkle Wälder wandern, in denen es noch Räuber geben soll. Seine Frau rät ihm daher, einen Revolver bei sich zu haben.
»Wozu?« fragt Schloime wehmütig, »damit sie mir den auch noch wegnehmen?«

Der arme Hausierer Chaim: »Saraleben, heut hab ich 100 Rubel gewonnen!«
»Wie ist das möglich?«
»Stell dir vor: wie ich geh durch den Wald, fallen mich an zwei Kosaken und entreißen mir die Brieftasche. Hätt ich darin gehabt 100 Rubel, so hätt ich sie verloren! So hab ich sie gewonnen!«

Der arme Hausierer Jossl ist den ganzen Tag herumgelaufen und hat keinen Heller verdient. Nun hat er Angst, zu seiner streitsüchtigen Frau heimzukommen.
Da verfällt er auf eine Idee. Er wickelt sich ein feuchtes Handtuch um den Kopf und kommt taumelnd nach Hause.
»Was ist geschehen?« ruft sein Weib entsetzt.
»Kosaken haben mich überfallen«, berichtet Jossl, »sie haben mich geschlagen und geschrien: Geld oder Leben!«
»Aber warum hast du ihnen das Geld nicht gegeben?«
»Ich habe es gegeben.«

Dem armen Rappaport geht es bitter schlecht. So beschließt er schließlich, ein Räuber zu werden. Früh morgens bereits zieht er mit einem scharf geschliffenen Messer in den Wald und wartet auf ein Opfer. Endlich kommt ein großer, kräftiger Bauer daher. Rappaport springt aus seinem Versteck hervor, schwingt das Messer und schreit: »Geld oder Leben!«
Der Bauer erschrickt einen Augenblick, schaut sich dann das armselige Jüdlein an und fängt an zu lachen.
»Ich nehme an«, sagt er, »du hast Hunger. Da hast du eine Kopeke!«
Rappaport dreht die Münze hin und her und sagt dann entrüstet: »Eine Kopeke?! Bin ich ein Räuber oder bin ich ein Schnorrer?!«

Zitronsaft geht es sehr schlecht. Er beschließt, Räuber zu werden. Aus der Küche holt er sich das größte Messer und geht damit in den Wald. Doch Tag für Tag kommt er mit leeren Händen heim. Sein Weib macht ihm zornige Vorwürfe.
»Du stellst dir das viel zu einfach vor«, klagt Zitronsaft bitter. »Wann kommen die Leute am Morgen durch den Wald? Ganz früh! Gerade, wenn ich das Morgengebet sprechen muß. Und das darf man doch nicht unterbrechen, auch nicht zum Rauben ... Und wann kommen die Leute am Abend durch den Wald zurück? Genau zur Zeit des Abendgebetes. Da kann man wieder nicht unterbrechen ... Weißt du, Sara, ich glaub, das Räubern, das ist kein jüdisches Geschäft.«

Bankier Katzenfuß ist frisch geadelt und heißt jetzt »von Katzenburg«.
Eines Tages kommt der Geldbriefträger und ruft ins Kon-

tor hinein: »Ich hab eine Geldsendung für Herrn Katzenfuß!«
Der Bankier, außer sich vor Zorn: »Katzenfuß gibt's nicht mehr! Wenn's nicht gerade eine Geldsendung wär', würd' ich sie überhaupt nicht annehmen!«

Der reiche Chaim Diamant betritt in Wien das Bureau seines Geschäftsfreundes Rosenblatt und stöhnt: »Mir ist von der Fahrt von Lemberg bis hierher, als wären alle meine Knochen zerbrochen!«
»Welcher Klasse bist du denn gefahren?«
»Dritter Klasse.«
»Wozu war das nötig?«
»Was sollte ich tun? Eine vierte Klasse hat der Zug nicht gehabt.«

Silberstein hat auf dem kleinen Telegraphenamt das einzige Schreibpult blockiert, steht da und brütet endlos über dem Text.
Ein ungeduldiger, eiliger Kunde tritt an Silberstein heran und fragt: »Vielleicht kann ich Ihnen helfen?«
»Gern«, sagt Silberstein, »können Se mir geben einen Tip, wie ich kann schreiben in einem einzigen Wort ›Sie Lump, Sie Betrüger, zahlen Sie auf der Stelle‹?«

Lubliner, sehr »aufgeklärt« und »assimiliert«, feiert mit seinen Kindern und Kindeskindern zusammen Weihnachten unter dem brennenden Kerzenbaum.
Da wird er ans Telephon gerufen. Entrüstet schreit er hinein: »Herr Katz! Ich feier' grad mit meiner Familie Weihnachten – und da kommen Se mir mit Geschäften!? Und wenn Se mer 10, ja sogar 12% bieten – ich sag nein! ... Was haben Se gesagt? 14%? Gemacht!«

Gouvernante: »Herr Goldbaum! Ihr Moritzl hat einen Dukaten verschluckt!«
Goldbaum, stolz: »Na und? Deshalb werd ich noch lang nicht bankrottieren!«

Die Mutter: »Hilfe! Unser Moritzl hat einen Heller verschluckt!«
Der Vater: »Und da schreiste als hätt er verschluckt einen Dukaten!«

»Hilfe!« Unser Moritzl erstickt! Er hat den Sechser verschluckt, den du ihm geschenkt hast!«
»Scht! Beruhige dich! Der Sechser war falsch!«

Koppel zu seinem Weinlieferanten: »Weißt du den Unterschied zwischen den Juden in Babylon und dir?«
»Nu?«
»Die Juden in Babel saßen beim Wasser und weinten – und du sitzest beim Wein und wässerst.«

»Tate, draußen verkauft ein Mann Birnen. Gib mir einen Kreuzer, ich möcht mir eine kaufen!«
»Wozu brauchst du da Geld? Geh hinaus und zeig dem Mann die Zunge! Vielleicht wirft er dir eine Birne an den Kopp!«

Prinzipal zum Commis: »Warum ist die Dame weggegangen, ohne etwas zu kaufen?«
»Sie wollte himmelblaue Strümpfe – die haben wir nicht.«
»Chammer (Esel), warum haste ihr nicht verkauft eins von die rote Flanelltüchlein, die wir haben und schon seit sechs Monaten am Lager?«

Krakauer zum Buchhalter: »Sie haben, ohne mich zu fragen, an alle Kunden Neujahrskarten verschickt. Das verbitte ich mir! Nur ich entscheide darüber, wer ein glückliches Jahr haben soll!«

»Tateleben, was ist das, ein Financier? Ein Mann, der viel Geld verdient?«
»Nein, mein Junge, ein Financier ist ein Mann, der es versteht, das Geld einzuheimsen, das andere verdient haben.«

»Sie haben mir meinen Commis Bergelson wegengagiert. Zumindest hätten Sie den Anstand haben sollen, mich zu fragen!«
»Und wenn ich Sie schon gefragt hätte – Sie hätten ja nichts davon gehabt!«
»Oh doch! Ich hätte nein gesagt!«

»Wie geht dein Geschäft?«
»Schlecht. Mir können nur noch zwei Menschen helfen. E Jäger und e Schuster. Der erste mit e Vorschuß, der zweite mit e Absatz.«

Feinstein, galizischer Geldverleiher, hat bisher seine Geschäfte ganz allein und nur anhand eines Notizbüchleins abgewickelt. Allmählich aber nehmen seine Transaktionen einen solchen Umfang an, daß er sich entschließt, einen Buchhalter anzustellen. Dieser macht sich gleich an die Arbeit und legt als Erstes ein Hauptbuch an.
Feinstein schaut ihm interessiert dabei zu.
Der Buchhalter schreibt mit Zierschrift »Soll« oben ins Buch.
Darauf Feinstein, außer sich: »Chammer! (Esel) Was heißt *soll*! Er *muß* zahlen!«

»Die Hälfte geb ich Ihnen in bar, und die andere Hälfte in Wechseln.«
»Die Wechsel nehm ich nicht, die sind mir zu unsicher.«
»Was heißt unsicher? Die sind sicherer als das Geld! Das Geld haben Sie schon morgen ausgegeben – dagegen meine Wechsel – die bleiben Ihnen und sogar noch Ihren Kindern und Kindeskindern!«

»Ihr wollt, ich soll Euch Geld leihen. Auf was hin sollte ich das tun? Habt Ihr Vermögenswerte? Oder Referenzen?«
»Referenzen? ... Nun, ich stamme aus erstklassiger Familie, ich bin mit dem lieben Gott persönlich verschwägert.«
»Was soll der Unsinn?«
»Aber ja! Sehn Sie: Mein Schwiegervater hatte zwei Töchter. Die eine habe ich genommen, die andere nahm der liebe Gott im Vorjahr zu sich.«

Drei Juden plaudern miteinander in der Synagoge. Ein vierter, vornehm gekleideter jüdischer Herr tritt herein und grüßt freundlich.
Der erste Jude: »Er grüßt mich! Er schuldet mir Geld.«
Der zweite Jude: »Unsinn! Er grüßt mich! Ich schulde ihm Geld!«
Der dritte Jude: »Er grüßt ohne Zweifel mich! Weder schuldet er mir etwas, noch schulde ich ihm etwas. Warum also sollte er mich nicht grüßen?«

»Lieber Herr Kohn, meine Tochter heiratet. Wollen Sie nicht eine Kleinigkeit zu ihrer Aussteuer beitragen?«
»Aber gern, lieber Levy! Sie schulden mir 300 Mark. Ich geb Ihnen Ihren Wechsel zurück.«
Levy, traurig: »E Tüchelche für drei Mark wär mir lieber gewesen!«

Tuchhändler Bromberger in Krakau hat dem Schneider Blumenfeld im nahen Dorf ein paar Ballen Stoff auf Kredit geliefert – der Schneider zahlt nicht. Von Zeit zu Zeit fährt Bromberger ins Dorf hinaus und versucht, ob nicht endlich wenigstens eine Teilzahlung aus dem Schneider herauszuholen ist – aber es ist alles vergeblich.

»Schau«, bittet er den Schneider, »Woche für Woche komm ich zu dir heraus – und immer umsonst. Ist das schön von dir, daß ich mich um deinetwegen so vergeblich herumhetzen muß?«

»Nein«, gibt der Schneider zu, »es ist wirklich nicht schön. Aber ich versprech dir, daß das bald anders werden soll!«

»Du willst wirklich zahlen?« fragt Bromberger ganz glücklich.

»Das nicht«, sagt der Schneider, »aber ich ziehe demnächst nach Krakau, dann hast du es zu mir nicht mehr so weit.«

Sauerteig kommt zum reichen Silberfeld: »Möchtet Ihr mir nicht leihen 20 Gulden für zwei Tage? Ich kann machen damit ein gutes Geschäft.«

»Und wieviel wirste verdienen bei deinem guten Geschäft?«

»Zehn Gulden.«

»Weißte was, Sauerteig? Ich wer' dir schenken zehn Gulden, dann haben wir beide bei dem Geschäft verdient zehn Gulden.«

»Ich mecht den Chajim Wasserzieher bei mir anstellen. Sie kennen ihn. Können Sie mir geben Auskunft über ihn?«

»Na ja – er ist alles andere als integer.«

»Teger oder integer – ich mecht wissen, ob er ist tüchtig?«

Jankew Diamant will einen neuen Buchhalter einstellen und erkundigt sich bei seinem früheren Chef nach ihm.
Die Auskunft lautet: »Der fragliche Buchhalter ist ein hochinteressanter Mann: zu nichts zu gebrauchen und dennoch zu allem fähig!«

Lewy, feierlich zu seinem Lehrling nach dessen absolvierter kaufmännischer Lehre: »Karfiol, ich gratuliere Ihnen! Ab heute sind Sie Commis – aber nicht bei mir!«

Junger Kaufmann: »Ich langweile mich. Ich habe das Gefühl, daß die Zeit überhaupt nicht weitergeht!«
Alter Kaufmann: »Da gibt es ein gutes Mittel dagegen. Stell ein paar Vierteljahrsakzepte aus! Dann wirst du sehn, wie schnell dir die Zeit bis zum Verfallstag auf einmal vergeht!«

Salo Teitelbaum hat neuerdings eine merkwürdige Gewohnheit angenommen. Statt »gut« sagt er immer »bon«.
»Salo«, fragt ihn der Schmul, »was biste auf einmal geworden e Franzos? Warum sagste nich einfach ›gut‹?«
»Nie wieder!« beteuert Salo, »ein einziges Mal in meinem Leben hab ich gutgesagt – und was meinst du, wieviel Geld mich das gekostet hat!«

Dem Reisenden Moritz Grünbaum ist bei einem Hotelbrand der Anzug beschädigt worden. In der Spesenrechnung findet der Chef daher den Posten: Ein Anzug – 100 Mark.
Der Chef will aber für den Anzug nicht aufkommen und streicht den Posten aus der Rechnung ...
Als Grünbaum von seiner nächsten Geschäftsreise heim-

kehrt, fragt der Chef höhnisch: »Nu, Grünbaum, is wieder der Anzug in der Rechnung drin?«
»Drin ist er«, bestätigt Grünbaum, »aber Sie werden ihn nicht finden.«

»Nehmen Sie diesen schönen Regenschirm! Ich garantiere, er ist reine Seide!«
»Er ist mir aber zu teuer.«
»Nu, dann nehmen Sie den da! Auch sehr schön, und billig! Nur fünf Mark!«
»Auch mit Garantie?«
»Auch mit Garantie.«
»Sie garantieren die Seide?«
»Das nicht.«
»Was garantieren Sie denn?«
»Nu – daß es is e Regenschirm.«

Jankew kauft beim Uhrmacher Weiss eine Taschenuhr und fragt: »Geht sie auch wirklich gut?«
»Auf Ehrenwort!« versichert Weiss.
Aber schon am gleichen Abend steht die Uhr still.
Erbost kommt Jankew zu Weiss: »Schaun Sie sich an Ihre Uhr! Erst heut früh hab ich sie gekauft – und schon steht sie still!«
»Nu«, meint Weiss ruhig, »was ist dabei? Wenn Sie werden gehn vom frühen Morgen bis zum Abend, wer'n Sie auch froh sein, e bissele ausruhn und stillstehn zu können!«

Samuel Veitl, ein armer buckliger Hausierer, kauft beim Kaufmann Louis Spitz in Heidelsheim verschiedenen Kram ein und bittet, ihm die Zahlung zu stunden; er verspricht fest, er werde zahlen, wenn er grad wieder vorbeikäme.
Zufällig treffen sich die beiden auf dem Marktplatz und Spitz erinnert Veitl an sein Zahlungsversprechen.

»Louis«, sagt Veitl, »hab ich nicht ausdrücklich gesagt, ich würde zahlen, sobald ich ›grad‹ vorbeikomm? Nu, bin ich ›grad‹? Ich hab nach wie vor meinen Buckel!«

»Steht denn der Levy so gut, daß er kann Equipage fahren?«
»Umgekehrt! Wenn er tät stehen gut, tät er zu Fuß gehn. Wenn er fährt, ist es ein Zeichen, daß er is nebbich schlecht auf den Beinen.«

»Kaminski hat mich regelrecht auf die Füß' gestellt.«
»Seit wann is er ein solcher Philanthrop?«
»Wieso Philanthrop? Ich war ihm Geld schuldig, er hat meine Kalesche gepfändet – und nun muß ich zu Fuß gehn!«

Angestellter zum langjährigen Kunden: »Herr Scholem! Sie haben doch gestern meinem Chef zehn Zloty gebracht mit der Erklärung, die habe er Ihnen kurz zuvor zuviel herausgegeben. Also, im Vertrauen: Sie können sich gar nicht vorstellen, wie sehr er sich aufgeregt hat! Den ganzen Tag hat er herumgejammert: ›Was muß ich dem Scholem in Wirklichkeit zuviel herausgegeben haben, wenn er zehn Zloty zurückbringt!‹.«
»Vertrauen gegen Vertrauen: Er hat mir keinen Heller zuviel herausgegeben! Ich habe es nur behauptet, weil ich ihn kenne und wußte, wie sehr er sich aufregen wird!«

Schmul und Eisig betreiben beide kleine Schnittwarenläden in derselben Kleinstadt, sind aber dennoch miteinander befreundet.
Als sie einmal ihre Einkaufsrechnungen miteinander vergleichen, stellt Schmul verwundert fest, daß der Fabrikant

ihm für dieselbe Ware pro Meter einen Gulden mehr berechnet hat als seinem Konkurrenten.
Erbittert stellt er den Fabrikanten zur Rede. Dieser aber meint ruhig: »Nu, und was weiter? Das kann Ihnen doch nur schmeichelhaft sein! Ihr Konkurrent hat bei uns eben weniger Kredit als Sie!«

Schwarz zu Blumenthal: »Sag, Markus, was hat dem Rosenfeld gefehlt, daß er gar so plötzlich gestorben ist?«
»Das weiß keiner.«
»Ist das nicht interessant? Solange er gelebt hat, hat keiner gewußt, von was er lebt, und jetzt weiß keiner, von was er gestorben ist.«

Klein und Friedmann haben geschäftliche Schwierigkeiten.
»Weißt du was«, sagt Friedmann, »ich hab in Brünn einen Onkel. Ich fahr hin und pumpe ihn an.«
Nach zwei Tagen ist er wieder zurück.
»Nun, und?« fragt Klein neugierig.
»Es ist gut gegangen«, sagt Friedmann zufrieden, »der Onkel hat mir angeboten, mir entweder 500 Kronen zu schenken oder 1000 zu leihen.«
»Und was hast du getan?«
»Ich habe die 500 als Geschenk gewählt.«
Friedmann schüttelt mißbilligend den Kopf: »Wie unsolid! Schade um die weitern 500 Kronen!«

Rosenblum zu seinem Buchhalter: »Meyer, sind die Wechsel endlich eingegangen?«
»Nein, wir.«

Warschau. »Wie geht dein Mantelladen?«
»Schlecht. Im Sommer ist es so heiß, daß die Leute keine

Mäntel brauchen. Und im Winter ist es so kalt, daß niemand Lust hat, das Haus zu verlassen, um einen Mantel zu kaufen. Inzwischen stehe ich in meinem leeren Laden ...«

»Warum machst du ihn nicht zu?«

»Und wovon soll ich leben?«

Scholem will nach Warschau fahren. Er tritt an den Bahnschalter: »Was kostet das Billet nach Warschau?«

»20 Zloty.«

»Ich gebe Ihnen zehn.«

»Man kann hier nicht feilschen!«

»Ich habe aber nicht mehr als 10 bei mir.«

»Ich kann nicht nachlassen.«

Inzwischen ist der Zug eingefahren, stehen geblieben, und er beginnt bereits wieder anzufahren, wobei die Lokomotive pfeift.

Scholem, streng zur Lokomotive: »Sie können pfeifen so viel Sie wollen – mehr als 10 gebe ich nicht!«

Gurwitz steht bewundernd vor einem großen Warenhaus. Neben ihm steht ein eleganter Herr, der eine Zigarre raucht. Gurwitz spricht den Herrn höflich an: »Ihre Zigarre duftet herrlich! Sie ist aber sicher nicht billig?«

»Zwei Zloty das Stück.«

»Donnerwetter! Und wieviele rauchen Sie pro Tag?«

»Zehn Stück.«

»Hui! Und seit wann rauchen Sie?«

»Seit vierzig Jahren.«

»Aha! Und nun rechnen Sie aus: Wenn Sie nicht geraucht hätten, könnten Sie von dem Geld das Warenhaus kaufen!«

»Und Sie? Rauchen Sie auch?«

»Nein.«

»Gehört Ihnen das Warenhaus?«
»Nein.«
»Sehen Sie! Mir gehört es!«

»Onkel, wenn du mir nicht zahlst noch 1000 Gulden Studienzuschuß, spring ich ins Wasser!«
»Wirst dir holen e Schnupfen.«
»Ich schieß mir eine Kugel vor die Stirn!«
»Von deinem Dickkopf wird die Kugel abprallen.«
»Ich kauf mir e Strick und häng mich auf!«
»Ich hab noch nie gesehen, daß ein Galgenstrick einem zweiten etwas angetan hätt'.«
»Also schön. Ich geb' das Studium auf und eröffne dir gegenüber e Konkurrenzgeschäft!«
Der Onkel, tief erschrocken: »Da haste das Geld!«

Schmul und Schloime sind Konkurrenten, stehen aber dennoch recht freundschaftlich miteinander.
Eines Tages sagt Schmul: »Schloime, schämst du dich nicht vor deinem Commis, wenn du ihn immer wieder um ein paar Gulden zu mir schickst?«
Darauf Schloime: »Für wie dumm hältst du mich, Schmul? Ich sag ihm doch nicht, daß ich dich anpumpe, ich sag ihm, daß du bist mir das Geld schuldig!«

»Ich kann jetzt nicht zahlen. Haben Sie doch ein Nachsehen mit mir, Herr Levy!«
»Ich fürchte, dann werd' *ich* mein Nachsehen haben.«

Der Chef ist in seine Geschäftspapiere vertieft.
Der Buchhalter tritt an ihn heran und sagt: »Herr Karpfenkopp, Ihre Frau Gemahlin läßt Ihnen ausrichten, daß sie soeben mit Zwillingen niedergekommen ist.«

Karpfenkopp, zerstreut: »In Ordnung! Schreiben Sie sie mir gut!«

»Ist Herr Birnbaum zu Haus? Ich muß einen Wechsel ...«
»Bedaure, er ist verreist ...«
»... bezahlen ...«
»Oj so! Er dürfte in einer Viertelstunde zurück sein!«
»... weil Birnbaum ihn nicht eingelöst hat.«
»... das heißt, wenn er dort nicht in Geschäften festgehalten ist.«

Braun zu Schwarz: »Schwarz, es ist mit dir zum Verzweifeln! Immerzu lügst du! Gib mir doch einen Tip, woran ich erkennen kann, wenn du einmal die Wahrheit sagst!«
»Das ist ganz einfach. Wenn ich beteuere ›Ich soll so leben!‹, dann ist es immer eine Lüge. Wenn ich aber sage ›Auf mein Ehrenwort!‹, dann ist es – ich soll so leben! – die Wahrheit.«

»Haben Sie schon gehört? Koppstein will seine ganze Ware unter dem Einstandspreis abstoßen!«
»Wissen möcht' ich, wie er das machen will! Er hat doch für sein ganzes Lager noch keinen roten Heller gezahlt!«

Chef zum Buchhalter: »Warst du bei Karfiol?«
»Nu, war ich nicht bei Karfiol?«
»Nu, was hat er gesagt?«
»Nu, was hat er schon gesagt?«
»Nu, hat er gezahlt?«
»Nu, wann hat er je gezahlt?«

»Stell dir vor mein Pech! Gestern leih ich mir von Leo Kloppstein 10 Gulden – und heute stirbt er!«

»Und das nennst du Pech?«
»Nu ja, wenn ich das geahnt hätt', hätt' ich mir geliehen das Zehnfache!«

»Stimmt es, daß man Jankef Feigenblatt ins Irrenhaus gesperrt hat, weil er pausenlos Wechsel ausgestellt hat?«
»Nein, nicht deswegen. Aber er hat anfangen wollen, alle zu bezahlen!«

»Krojanker in Breslau schuldet uns 2000 Mark. Warum höre ich nichts von ihm?«
»Wissen Sie es noch nicht? Er ist meschugge geworden, hält sich für den reichen Baron Rothschild und schleudert nach allen Seiten mit Geld ...«
»Da wird er vielleicht auch endlich die Faktura bezahlen?«
»Ich fürchte: So meschugge ist er doch noch nicht.«

Deutschland. Inflation nach dem Ersten Weltkrieg.
Indien gehört noch zum englischen Kolonialreich, möchte sich aber bereits davon lösen.
Kohn und Levy treffen sich in Berlin auf der Friedrichstraße. Begrüßung. Dann fragt Kohn: »Wie geht es dir?«
»Schlecht«, klagt Levy, »ich habe in der Inflation meinen letzten Pfennig eingebüßt. Und wie geht es dir?«
»Mir geht es gut. Ich habe ein Exportgeschäft nach Indien aufgemacht.«
»Was exportierst du denn?«
»Es sind vom Krieg her noch einige Posten Emailplaketten mit der Aufschrift ›Gott strafe England‹ zurückgeblieben, die habe ich gratis übernommen.«

Krisenzeit in den frühen dreißiger Jahren. Der Textilfabrikant Goldberger möchte Informationen über eine neu

erstandene Firma in der nahen Provinzstadt haben. Er fragt einen dortigen Freund an.
Dieser antwortet: »Wozu brauchst du eine Information? Heute gibt es nur zwei Sorten von Kaufleuten. Die einen haben sicher nichts und die andern haben nichts sicher.«

Wie ist der Ausdruck »Lokomotive« bei den Eisenbahnen entstanden?
Die bankrotten Kaufleute haben ihn aufgebracht: Wenn sie keine Motive mehr haben, in loco zu bleiben, versuchen sie, mit der Eisenbahn wegzukommen.

Feldwebel: »Jeder Soldat ist seinem unmittelbaren Vorgesetzten Achtung schuldig... Rekrut Teitelbaum, was hab' ich gesagt?«
»Daß die unbemittelten Vorgesetzten dem Soldaten stets etwas schuldig sind, Herr Feldwebel.«

Manöver. Infanterist Rappaport schaut interessiert zu, wie eine Kanone schußfertig gemacht wird.
»Wieviel Pulver braucht die Kanone pro Schuß?« fragt er den Kanonier interessiert.
»Fünf Pfund.«
»Fünf Pfund?! Wollt nicht gewesen besser, das zu verkaufen als auszuschießen?«

Eine sozialistische Jugendgruppe braucht Geld für ein Clublokal und hat zu diesem Zweck eine bescheidene Lotterie organisiert.
Ein Mitglied der Gruppe kommt zum Kaufmann Herschkowitz:
»Kaufen Sie doch ein Los! Sie können ›Das Kapital‹ von Karl Marx gewinnen!«

»Das Kapital von Marx? Wer ist schon Marx? Verlosen Sie das Kapital von Rockefeller – und ich bin bereit, sogar drei Lose zu kaufen!«

Im Schnellzug Breslau—Berlin. Ein Fahrgast hat sein Billet verloren, sucht kurz vor der Endstation Berlin verzweifelt und vergeblich danach und jammert lautstark.
Ihm gegenüber sitzt Isidor Rabinowitz. »Für fünf Mark«, schlägt er vor, »geb ich Ihnen mein Billet!«
»Und was wird aus Ihnen?«
»Das lassen Sie meine Sorge sein.«
Der Handel kommt zustande. Bevor Rabinowitz dem Fremden das Billet übergibt, kritzelt er etwas auf die Rückseite des Kärtchens ...
Der Fremde kommt in der Tat anstandslos durch die Kontrolle. Isidor drängt nach, ohne die Karte vorzuzeigen.
»Ihre Karte!« sagt der Kontrollbeamte streng.
Darauf Isidor: »Die hab ich doch soeben abgegeben!«
Der Beamte empört: »Das stimmt nicht!«
Großer Tumult, Krach. Isidor, der weitergehen will, wird mit Gewalt zurückgehalten. Schließlich holt man den Bahnvorsteher herbei.
»Heißt e Chuzpe (Frechheit)!« schreit Isidor, »ich hab doch die Karte soeben abgegeben!«
»Haben Sie Beweise?« fragt der Vorsteher streng.
»Beweise?« fragt Isidor zurück, »aber natürlich! Mir ist dasselbe schon einmal passiert. Seither bin ich vorsichtig und schreib immer auf die Rückseite des Billets meinen Namen, ich heiße Isidor Rabinowitz.«
Der Vorsteher veranlaßt, daß man alle Billete durchschauen soll. Große Bestürzung bei den Beamten, als die signierte Karte sich tatsächlich findet.

»Bitte entschuldigen Sie vielmals, belästigt worden zu sein!« bittet der Vorsteher.
»Was heißt entschuldigen«, randaliert Rabinowitz, »her mit dem Beschwerdebuch!«

Geneva = Jiddisch Diebstahl.

Jossel kommt nach New York und schaut sich in der Fifth Avenue die eleganten Auslagen an. Bei den teuren Uhren findet er immer wieder die Anmerkung »Geneva Watches« (Genfer Uhren).
»Schau«, sagt er verwundert, »daß Uhren in New York gestohlen werden genau wie in Warschau und Krakau, ist ja klar. Aber daß man es im Schaufenster offen anzeigt, ist unbegreiflich.«

Sammy ist in den Hitlerjahren nach Melbourne ausgewandert und versucht sein Glück mit einem kleinen Delikateßwarenladen, haargenau dem Italiener Antonio gegenüber. Antonio, verärgert über die neu zugewachsene Konkurrenz, hängt ein Schild heraus: »Schinken nur 50 Cents pro Pfund«.
Sammy pariert mit »40 Cents pro Pfund«.
Antonio geht prompt auf 35 Cents herunter, Sammy offeriert Schinken zu 30 Cents.
Jetzt platzt Antonio die Geduld. Er rennt zu Sammy hinüber und klagt bitter: »Wenn du die Preise weiter so drückst, gehen wir beide pleite!«
Darauf Sammy: »Wieso ›wir beide‹? Du gehst Pleite. Ich habe nur koschere Artikel und verkaufe keinen Schinken!«

Meyer von der Anwaltsfirma Meyer & Cohn wohnt im gleichen Villenviertel wie Lifschitz. Sie treffen sich zufällig an der Stadtbahnstation.

Lifschitz fragt freundlich: »Wie beurteilen Sie die Börse?«
Darauf Meyer: »Ich kann natürlich irren, aber mir scheint, man kann auf Hausse spekulieren.«
Am anderen Tag hält Lifschitz eine Rechnung von Meyer & Cohn über 500 Dollar für fachliche Beratung in Händen.
Zwei Tage später fragt Lifschitz den Meyer: »Wie beurteilen Sie die Zukunft des Währungssystems?«
Darauf Meyer: »Ich halte es für möglich, daß wir die Goldparität aufgeben werden.«
Am andern Tag findet Lifschitz eine Rechnung von Meyer & Cohn über 800 Dollar im Briefkasten.
Wieder ein paar Tage später begegnen sich die beiden abermals bei der Station.
»Guten Morgen«, sagt Lifschitz, »mir scheint, es wird regnen. Aber denken Sie daran: Ich *sage* es Ihnen, ich *frage* Sie nicht danach!«

»Wie geht's, Herr Eiweiß?«
»Schlecht, sehr schlecht!«
»Aber gehn Sie! Ich hab doch gehört, Sie haben vor ein paar Wochen Ihre Tante beerbt!«
»Das stimmt schon.«
»Und vorige Woche is gestorben Ihr Großonkel, der hat Ihnen auch ganz schön was hinterlassen?«
»Das stimmt auch.«
»Und da sagen Se noch, es geht schlecht?«
»Ja – sehn Sie: Diese Woche is es wie abgeschnitten!«

Vor Gericht

Richter: »Rosenbaum, wie alt sind Sie?«
»Wer, ich?«
»Wer denn sonst! Es ist ja sonst keiner da!«
»Fünfzig Jahre.«
»Wo sind Sie geboren?«
»Wer, ich?«
»Natürlich Sie!«
»In Rzeszów.«
»Wo haben Sie den Rock gestohlen?«
»Wer, ich?«
Der Richter, ganz wild: »Nu, wer denn sonst? Etwa ich?«
Rosenbaum: »Weiß ich?«

Fromme Juden pflegen, wenn sie ihr eigenes Lebensalter oder das einer ihnen lieben Person angeben, die feste Wunschformel anzufügen »bis hundert Jahr!«.

Richter: »Zeuge – wie alt sind Sie?«
»Vierzig – bis hundert Jahr'!«
»Also sechzig Jahre?«
»Nein – vierzig – bis hundert Jahr!«
Der Richter, gereizt: »Zeuge, ich verurteile Sie wegen groben Unfugs zu 20 Mark Strafe. Haben Sie mich verstanden?«
Der Zeuge: »Jawohl, Herr Richter! Hundert Jahr sollen Sie werden – aber auf der Stelle!«

Eine Zeitlang waren in Meseritz blaukarierte Taschentücher sehr verbreitet. Rubinstein klagt den Bauern, der bei ihm Holz gehackt hat, ein, er habe ihm ein solches Tuch

gestohlen. Das corpus delicti, das er dem Bauern abgenommen hat, liegt auf dem Tisch.
Der Richter schaut sich das Tuch an und meint: »Warum soll das Ihr Tuch sein? Schaun Sie« – und dabei entfaltet er sein eigenes Taschentuch – »ich habe doch genau das gleiche Tuch!«
Darauf Rubinstein, heftig: »Warum solln Sie nicht dasselbe Tuch haben? Es sind mir zwei gestohlen worden . . .«

Richter: »Angeklagter Grün, Sie haben zu Herrn Blau gesagt, er sei nicht einmal wert, daß ihn der Teufel hole. Sie müssen Abbitte leisten!«
Grün: »Gut, ich nehm's zurück. Ich geb zu: Er is es wert, daß ihn der Teufel holt!«

Richter: »Awrom Kazew, sind Sie verheiratet oder ledig?«
»Verheiratet, Herr Richter. Aber wenn Sie mir wissen e gute Partie, bin ich bereit, mich scheiden zu lassen.«

Richter: »Angeklagter Meyerowski, sind Sie ledig?«
Mayerowski: »Wieso, Herr Richter? Haben Sie vielleicht eine Tochter auszugeben?«

Zwei Juden kamen mit einer Streitsache zum Stuhlrichter. Er wollte zwischen ihnen schlichten – sie überschrien ihn aber beide so lautstark, daß er bald ganz heiser war.
»Armer Moses!« murmelte er, »wie hast du das nur ausgehalten? Ich habe es nur mit zwei Juden zu tun und kann sie nicht zum Schweigen bringen – wie bist du mit sechzigtausend fertig geworden!?«

Am Ausgang des Gerichtsgebäudes: »Salmen, wie konntest

du einen Schwur ablegen, daß du mir nichts schuldig bist! Du weißt doch ganz genau, daß ich bei dir 500 Gulden zugut habe!«
»Nu – ich weiß es und du weißt es auch. Aber was braucht es ein Dritter zu wissen, den es nichts angeht?«

Vor dem Rabbinatsgericht. Fischkopf, des Betruges angeklagt, versichert hitzig: »Gleich auf der Stelle soll ich tot umfallen, wenn ich lüge!«
Der Rabbi entsetzt: »Gott behüte! Was mach ich hier mit Ihrer Leich'?«

Grünblatt ist wegen eines Betrugs vor den Richter zitiert. Beim Ausgang erwarten ihn ein paar Freunde.
»Nu, Grünblatt«, fragt einer neugierig, »du hast doch nicht etwa gestanden?«
»Natürlich habe ich gestanden«, antwortet Grünblatt.
»Wai geschrien, du hast uns alle mit blamiert!«
»Aber was hätt ich tun sollen? Es hat mir ja keiner einen Sessel angeboten!«

Richter: »Teitelboim! Wir haben zwei Zeugen, welche gesehen haben, wie Sie dem Kläger das Portemonnaie aus der Tasche zogen!«
»Herr Richter, ich kann Ihnen bringen hundert Zeugen, welche das nicht gesehen haben!«

Richter: »Sie heißen?«
»Itzik Stern.«
»Woher kommen Sie?«
»Aus Krotoschin.«
»Was sind Sie?«
»Pleite.«

VOR GERICHT

Der Richter spricht langsam vor: »Ich schwöre ...«
Meyerowitz: »Ich auch!«

Moses Rosenfeld, Textilien en gros, hat sich taufen lassen und heißt jetzt Max Rosen.
Bei einem gerichtlichen Verhör fragt ihn der Richter: »Sie heißen Moses Rosenfeld?«
»Mit Verlaub, nein«, protestiert der Angeklagte, »ich heiße jetzt Max Rosen.«
»Schön«, fährt der Richter fort, »und Sie sind mosaischen Glaubens?«
»Mit Verlaub, nein!« beteuerte der Angeklagte. »*Die* Religion betreibe ich schon lange nicht mehr!«

In der Synagoge wird die Tora (= die Fünf Bücher Mose) aus handgeschriebenen Pergamentrollen vorgelesen. –
Richter: »Zeuge, Ihr Name?«
»Rabinowicz.«
»Ihr Beruf?«
»Toraschreiber.«
»Konfession?«
»Dreimal dürfen Sie raten, Herr Richter.«

Richter: »Zeuge Rosenbaum, Ihre Konfession?«
»Römisch-katholisch.«
Richter, nach einem schrägen Blick über den Brillenrand: »Und vorher?«
»Lutherisch.«
»Und noch vorher?«
»Noch vorher? Allerdings!«

Der Richter: »Zeuge, Ihr Name?«
Der Zeuge: »Kovacz.«

VOR GERICHT

Der Richter, nach einem Blick auf den Zeugen: »Kovacz? Kovacz ... und früher? Doch ohne Zweifel Kohn? Und der Vorname?«
»Arpad.«
»Arpad? Vermutlich vorher Abraham ... Und die Konfession?«
»Protestantisch.«
»Was Sie sagen! Und vorher?«
»Und wenn Sie zerspringen, Herr Richter! Katholisch!«

Nelkenduft ist wegen Betrugs verurteilt und soll in der Kreisstadt ein Jahr Gefängnis absitzen. Ein Kriminalbeamter bringt ihn in der Eisenbahn dorthin. Als der Zug in den Bahnsteig der Kreisstadt einfährt, ruft der Schaffner: »Zehn Minuten Aufenthalt!«
Nelkenduft seufzt: »Im Vermögen möcht ich haben, um was ich länger Aufenthalt hab ...«

»Der Gendarm hat mir gegeben e Patsch.«
»Vor Zeugen?«
»Nein, wir waren allein.«
»Nu – dann kannst es ableugnen!«

Moritzl

Lehrer: »Moritzl, wenn dein Vater täglich drei Zigarren raucht, wieviel raucht er dann in der Woche?«
»Achtzehn.«
»Falsch. Es sind einundzwanzig. Du kannst nicht rechnen.«
»Ich kann schon rechnen, Herr Lehrer, aber Sie vergessen, daß mein Vater am Sabbat nicht rauchen darf.«

Trefe = nach mosaischem Gesetz unrein.
Lehrer: »Moritzl, zu welcher Tierklasse rechnet man das Schwein?«
Moritzl: »Zur trefenen, Herr Lehrer!«

Lehrer: »Moritzl, was war das größte Unrecht, das die Brüder Josefs ihm antaten?«
Moritzl: »Daß sie haben ihn so billig verkauft. Er war jung und schön und – unter Brüdern – mehr wert als zwanzig Schillinge.«

Religionsunterricht. Lehrer: »Moritzl, erzähl uns nun, wie es dem Volke Israel ging nach der Rückkehr aus der Verbannung!«
Moritzl: »Danke, Herr Lehrer, gut.«

Religionsstunde in Berlin.
Lehrer: »Moritzl, nenn mir gute Handlungen!«
Moritzl: »Wertheim, Gerson, Israel.« (Seinerzeit bekannte große Warenhäuser.)

Religionsstunde. Der Lehrer: »Die Hölle, liebe Kinder, ist ein

Ort, wo ständig die schrecklichste Gluthitze herrscht... Moritzl, was möchtest du wissen?«
»Herr Lehrer, ich möcht wissen: Von wo bezieht die Hölle ihre Kohlen?«
»Warum fragst du das?«
»Weil: Mein Vater hat e Kohlenhandlung und könnt' preiswert liefern.«

Der Vater: »Moritzl, du kommst jetzt in die Schule. Es ist Zeit, daß de nicht mehr alle Märchen glaubst! Also paß auf: Der Nicolas, das bin immer ich gewesen, der Weihnachtsmann auch, und auch der Osterhase...«
»Weiß ich längst, Tateleben! Und der Storch biste auch!«

Man behandelt in der Deutschstunde den Akkusativ.
Der Lehrer: »Nehmen wir ein Beispiel. Ich gebe euch den Anfang des Satzes: Das Pferd springt über... Moritzl, bilde den Satz zuende!«
Moritzl: »Das Pferd springt über dem, weil man es hat geschlagen.«

Posen. Deutschstunde. Der Lehrer nimmt mit den Kindern Balladen durch und stößt dabei auf das Wort »Hohngelächter«.
Der Lehrer: »Moritzl, was versteht man darunter?«
Moritzl: »Kikeriki!«
Lehrer, streng: »Was soll der Unsinn!«
Moritzl: »Nu – so lacht der Hohn (jiddisch = Hahn)!«

Volksschule in Posen. Der Volkslehrer: »Kinder, wer von euch weiß, was ein Dom ist?«
Alle christlichen Schüler schweigen, einzig Moritzl meldet sich zum Wort.

Der Lehrer lobend: »Schön, daß du es weißt, obwohl du mosaischen Glaubens bist! Kinder, nehmt euch ein Beispiel an Moritzl! Also sag uns nun schön, was das ist, ein Dom!«
Moritzl, den Daumen vorzeigend: »Das ist ein Doom, Herr Lehrer!«

Lehrer: »Weiß jemand von euch, warum Goethe die Christiane Vulpius erst mit siebenundfünfzig Jahren geheiratet hat?«
Moritzl: »Nu – er wird gehabt haben vorher genug Geld, so daß er die Mitgift nicht so eilig gebraucht hat.«

Deutschstunde. Lehrer: »Moritzl, welches ist die ergreifendste Stelle in Bürgers Lied vom braven Mann?«
Moritzl: »Wie der Graf hat hingeworfen den Geldbeutel, Herr Lehrer.«

Der kleine Moritz lernt französisch. Der Papa fragt ihn ab:
»Was heißt ›ein schönes Haus‹?«
»Beau Maison.«
Der Papa korrigiert: »Belle!«
»Moritzl: »Wau, wau!«

Lehrer: »Moritzl, wer war die Pythia?«
Moritzl: »Die Pythia, Herr Lehrer, war e altertümliche Dame, was gesessen ist auf e Dreifuß und geredt hat lauter zweideutige Sachen.«

Der Lehrer: »Quid dicam de rebus gestis Pompei (Was soll ich von den Taten des Pompejus berichten) – Moritzl, übersetz den Satz!«

Moritzl: »Was soll ich sagen über die getragenen Sachen des Pompejus – Herr Lehrer, mer handeln nicht damit!«

Lehrer der jüdischen Schule: »Wenn ich sage ›der Rabbiner segnete seine zehn Kinder‹ – ist das die tätige oder die leidende Form?«
Moritzl: »Die tätige Form.«
Lehrer: »Richtig. Und nun bilde mir die leidende Form!«
Moritzl: »Der Rabbiner wurde mit zehn Kindern gesegnet.«

Lehrer: »Moritzl, was ist Syntax?«
Moritzl: »Syntags ist der Laden meines Vaters geschlossen.«

Als in Wien die Versicherungsgesellschaft Phoenix Pleite ansagte, kam folgender Witz auf.
Lehrer: »Moritzl, kann man ›nix‹ steigern?«
Moritzl: »Man kann, Herr Lehrer! Nix, Gornix, Phoenix.«

In der ersten Klasse. Lehrer: »Moritzl, angenommen, ich schenk dir zwei Kaninchen und dann nochmal drei Kaninchen. Wieviel hast du dann im Ganzen?«
»Sieben.«
»Dummkopf! Es sind fünf! Zähl doch an den Fingern ab!«
Moritzl, triumphierend: »Und wenn Se zerspringen, Herr Lehrer, es sind sieben! Zwei hab ich nämlich bereits zu Hause!«

Deutschstunde in Berlin.
Lehrer: »Kinder, wieviel Artikel gibt es?«

Moritzl, frisch aus Posen zugezogen: »Es gibt zwei Artikel, Herr Lehrer.«
Lehrer: »Unsinn! Denk noch einmal nach! Hast du das wirklich so gelernt?«
Moritzl: »Gelernt hab ich überhaupt nichts darüber, Herr Lehrer. Aber mein Vater hat e Gemischtwarenhandlung, und er sagt jeden Tag: ›Es gibt nur zweierlei Artikel, solche, was gut gehen, und solche, was schlecht gehen.‹«

Der Lehrer: »Wir wollen jetzt Zusammenzählen üben ... Moritzl, dein Vater ist Pferdehändler. Wieviele Pferde hat er im Augenblick im Stall stehen?«
Moritzl, hochmütig: »Wozu fragen Sie, Herr Lehrer, Sie können sich ja doch keines leisten!«

Lehrer: »Kinder, wißt ihr, was das ist: ein Rechtsanwalt?«
Moritzl: »E Rechtsanwalt, Herr Lehrer, ist e Mensch, was den Verbrechern recht gibt.«

»Moritzl, nemm dir einen Keks aus der Glasschale!«
»Mameleben, farwos soll ich nemmen einen, wenn ich kenn nemmen sechs?«

Lehrer: »Was versteht man unter Seehandel?«
Moritzl: »Seehandel – das ist das Geschäft meines Vaters.«
Lehrer: »Unsinn! Wie kommst du darauf?«
Moritzl: »Mein Vater sagt immer: ›Was ich *seh,* damit *handle* ich‹.«

Der Lehrer will feststellen, ob die Kinder zweistellige Zahlen richtig schreiben können, was in der deutschen Sprache

nicht ganz einfach ist, weil die Einer vor den Zehnern ausgesprochen werden.
Der Lehrer: »Christian, nenn mir eine zweistellige Zahl.«
Christian: »23.«
Der Lehrer Schreibt an die Tafel 32 und fragt den Christian: »Ist das so richtig?«
»Jawohl«, bestätigt Christian.
Der Lehrer klärt die Klasse noch einmal genau auf.
Dann befiehlt er: »Hans, nenn mir noch eine Zahl!«
Hans: »73.«
Der Lehrer schreibt an die Tafel 37. Hans hat große Mühe zu begreifen, warum das falsch ist.
Der Lehrer: »Moritzl, jetzt sagst du mir eine Zahl!«
Moritzl: »33, 55, 99... Herr Lehrer, mit mir können Sie doch solche Sachen nicht machen!«

Lehrer: »Moritzl, wieviel ist die Hälfte von fünf?«
Moritzl, tief traurig: »Aj waj! Er hat mich erwischt! Sag ich zwei, wird es ihm zu wenig sein. Sag ich drei, ist es ihm zu viel. Schläge bekomme ich in jedem Fall!«

Moritzl steht zur Strafe vor der Klassentür.
Der Rektor geht zufällig vorbei und spricht ihn an: »Warum mußt hier draußen stehen?«
Moritzl: »Zur Strafe, Herr Rektor, der Lehrer wollte wissen, was vier mal vier ist und war mit meiner Antwort nicht zufrieden.«
Der Rektor leutselig: »Na, geh nur wieder hinein und sag, vier mal vier ist 16.«
Moritzl, abwehrend: »Gott behüte! Ich hab ihm sogar schon 20 geboten – und er war immer noch nicht zufrieden!«

»Moritzl, du gehst doch jetzt zur Schule?«
»Nu?«
»Was ist zwei mal zwei?«
»Ihretwegen wer' ich mir den Kopp zerbrechen!«

Klein Moritz zu Klein Jankel: »Du, ich weiß etwas Neues. Zwei und zwei macht vier.«
Klein Jankel: »Ich weiß mehr. Zwei mal zwei ist auch vier.«
Klein Moritz, nach langem Nachdenken: »Nun ja, aber da ist schon ein Dreh dabei.«

Lehrer: »Moritzl, was ist das für ein Geschmier! Ein solches Aufsatzheft wagst du mir vorzulegen!«
»Ich fürcht mich nicht, Herr Lehrer! Sie sind so gescheit und geschickt, Sie wer'n es schon entziffern können!«

»Moritzl, mein Sohn, merk dir eins: Geld regiert die Welt. Ohne Geld kannste nix machen!«
»Doch, Tate, eines schon!«
»Nu?«
»Schulden.«
»Moritzl, ich wer' aus dir machen e Bankier!«

Lehrer in der Rechenstunde: »Kinder, paßt auf! Ich geh in ein Kleidergeschäft, kauf mir einen gewöhnlichen Anzug um 50 Mark und dann noch einen für Sonntag um 70 Mark ... Moritzl, wieviel muß ich zahlen?«
»110 Mark, Herr Lehrer.«
»Unsinn, es sind 120 Mark. Du kannst nicht rechnen!«
»Rechnen kann ich schon, aber Sie kennen nicht mei Vater, Herr Lehrer. Er hat e Kleidergeschäft, und er tät Ihnen bestimmt nachlassen 10 Mark, damit Sie ein zweites Mal wiederkommen!«

Medizin und Hygiene

Des geizigen Goldbaum kranke Frau war monatelang in ärztlicher Behandlung. Als sie endlich gesund ist, kommt die Arztrechnung:
»Zwölf Visiten à zehn Mark = 120 Mark.
Medizin zehn Mark.«
Am Tag darauf erhält der Arzt in einem Briefumschlag eine Zehnmarknote und ein Kärtchen:
»Anbei begleiche ich Ihnen die Medizin. Was angeht die Visiten, so werde ich sie im Lauf der kommenden Monate vollzählig erwidern.«

Rubinstein fühlt Beschwerden und begibt sich sorgenvoll zum Medizinprofessor. Der untersucht ihn gründlich und beruhigt ihn dann: »Die Symptome haben nichts zu bedeuten. Sie sind gesund! Sie werden noch Ihre Frau und Ihre sämtlichen Kinder begraben!«
Rubinstein, tief traurig: »Ach, Herr Professor, das sagen Sie doch nur, um mich aufzuheitern!«

Simon Löb bringt zum Arzt eine ganze Weinflasche voll Urin mit. Der Arzt, ärgerlich: »Warum nicht gleich einen ganzen Kanister?!«
Simon Löb steckt den Vorwurf schweigend ein.
Als er am nächsten Tag beim Arzt das Resultat abgeholt hat, eilt er zum nächsten Postamt und gibt nach Hause ein Telegramm auf: »Sara, ich bin gesund, du bist gesund, die Kinder sind gesund, das Dienstmädel ist gesund und der Pudel ist auch gesund!«

Arzt: »Wie heißen Sie?«
»Kopilow.«
»Hinten ein w?«
»Nein, vorn! Der Magen tut mir weh.«

Der bettelarme Schloime Pfefferminz ist magenleidend und geht zum Doktor. Als dieser sieht, mit was für einem armen Teufel er es zu tun hat, bekommt er Mitleid: Nicht nur verzichtet er auf das Honorar, sondern er gibt Schloime außerdem noch zwanzig Mark, damit er eine Kur mit Karlsbader Wasser machen kann.
Vier Wochen später trifft er den Patienten zufällig auf der Straße.
»Nu, Schloime«, fragt er, »hat dir die Kur gut getan?«
»Was für e Kur?« fragt der Patient verlegen.
»Aber ich hab dir doch zwanzig Mark dafür gegeben!«
»Ja, schon – aber ich hab sie nicht mehr.«
»Was hast du denn mit dem Geld gemacht?«
»Nu – sehn Sie, Herr Doktor, wie ich gehabt hab volle zwanzig Mark in der Hand, hab ich mir gesagt: Schloime, jetzt kannst du dir leisten eine Konsultation bei einer echten medizinischen Kapazität!«

Daß Juden Scheu vor dem Bad haben sollen, ist eine antisemitische Erfindung. Das jüdische Ritualgesetz schreibt Bäder bei häufigen bestimmten Anlässen vor; jüdische Mystiker in Osteuropa hatten obendrein die Gewohnheit, Winter wie Sommer in fließendem Wasser zu baden. Bei Frost hackten sie ein Loch ins Eis und nahmen ein kurzes Tauchbad. Dennoch sind die jüdischen Badewitze – wiewohl ursprünglich zum Teil antisemitischen Ursprungs – recht amüsant.

Finkelstein kommt tief besorgt zum Arzt. Dieser untersucht ihn und verschreibt ihm Heilbäder.
Dabei rät er: »Sie können ein Abonnement für zwölf Bäder nehmen, das stellt sich billiger.«

Finkelstein, überglücklich: »Herr Doktor – kennen Se mer wirklich garantieren, daß ich wer leben noch volle zwölf Jahr?!«

Eigelb hört, daß sein Freund Weingort verrückt geworden sei. Er kann es gar nicht glauben und geht zu ihm in die Wohnung, um sich persönlich zu überzeugen.
Er läutet an der Tür. Das Dienstmädchen öffnet und sagt: »Herr Weingort kann Sie jetzt nicht empfangen, er sitzt im Bad!«
Eigelb, tief traurig: »Sitzt im Bad?! Also doch meschugge!«

In dem Waggon der Lokalbahn, die durch die galizische Ebene rollt, herrscht sommerliche Hitze. Hirschtalg, der aus der Bezirksstadt zurückkommt, entledigt sich der beengenden Stiefel. »Verzeihen Sie«, entschuldigt er sich bei seinem Gegenüber, »die Füß sind mir eingeschlafen.«
»Eingeschlafen?« fragt der andere verwundert. »So, wie die riechen, müssen sie schon lange tot sein!«

Jankl und Schloime sitzen beisammen und meditieren über die höchsten und tiefsten Dinge.
»Was ist schon das ganze Leben?« meint Jankl traurig, »me lebt, me stirbt, me riecht...«
»Jankl«, sagt Schloime, »ich glaub, du bist schon gestorben!«

Krakau. Sara möchte, genau wie ihre reichen Freundinnen, ins Ausland zur Kur fahren. Der Ehemann scheut die Kosten. Der Fachmann, der Arzt, soll darüber entscheiden, ob Sara eine solche Kur wirklich braucht. Sara geht mit ihrem Mann zusammen zum Medizinprofessor.

»Siehst du!« triumphiert sie, als sie wieder heimgehen, »der Professor meint auch, ich soll zur Kur nach Wiesbaden!« Darauf Moische: »Du hast falsch verstanden. Er meint, du sollst, bevor du zum Doktor gehst, jeweils die Fiss baden.«

Goldfaden ist aus dem galizischen Tarnów nach Wien ausgewandert und dort reich geworden. Sein alter Religionslehrer erfährt von dem Glück seines Schülers und kommt ihn besuchen. Dabei spuckt er immer wieder auf den Boden. Auf einen Wink des Hausherrn bringt der Diener einen Spucknapf herbei – doch der Lehrer spuckt daneben. Der Diener versucht immer aufs Neue, den Napf so hinzurücken, daß der Lehrer hineintrifft – es hilft nichts. Schließlich sagt der Lehrer drohend: »Sie, wenn Sie das Ding da nicht sofort wegnehmen, werd ich wirklich noch hineinspucken!«

»Sami, unsere beiden Jungen wollen auf den Maskenball.«
»Meinetwegen. Ich bin dafür, sie sollen gehn mit Kniehosen und Wadenstrümpfen als Tiroler.«
»Warum ausgerechnet als Tiroler?«
»Damit sie sich endlich einmal waschen die Knie.«

Smorgoń, Litauen, zu einer Zeit, da es überhaupt noch keine Taxi und – in Landstädtchen! – nicht einmal Pferdedroschken gab. –
Leibusch hat spät Abends seinen reichen Verwandten aus der Hauptstadt abgeholt. Er läßt ihn genau in der Mitte des Gäßchens gehen und ruft alle Augenblicke schallend: »Man kommt! Man kommt!«
Der Verwandte: »Scht! Es ist mitten in der Nacht! Du wirst wecken die Leut! Kannst du nicht still sein?«

Leibusch: »Ausgeschlossen! Aus den Fenstern können doch die Leut uns ganz naß machen mit den Nozniken (Nachttöpfen)!«

»Wissen Se, der Schmil hat gar kei Bildung! Gestern war ich mit ihm im Restaurant – und auf einmal fängt er an, sich mit e Streichholz die Ohren zu putzen!«
»Mit e Streichholz!? Wozu stehn denn auf allen Tischen die Zahnstocher?!«

Kohn und Stern suchen am Bahnhof zwei nebeneinander liegende Toiletten auf. Kohn leidet an Blähungen.
»Waj, war das e mieser Ton!« protestiert Stern.
»Nu«, fragt Kohn, »wollnse für drei Kreuzer den Caruso hören?«

»So schönes Wetter! Wollen wir nicht im Fluß baden?«
»Im Fluß baden?! Gott behüte! Ich bad erst, wenn ich kann schwimmen!«

Frau Finkelstein will zur Kur nach Marienbad fahren. Vorher kommt sie zu einem berühmten Medizinprofessor, läßt sich untersuchen und stellt unzählige Diätfragen:
»Herr Professor, sind Karpfen gesund?«
»Ich glaub schon. Jedenfalls ist noch keiner gekommen, um sich von mir behandeln zu lassen.«

Der Arzt: »Sie müssen nach Marienbad, Herr Korngelb!«
»Gut, Herr Doktor, aber das sag ich Ihnen: Baden werd ich nicht!«

»Kellner – e Zahnstocher!«
»Wir haben keine!«

»Es schene Ordnung habt ihr hier!«
»Anfangs hatten wir welche – aber die verehrten Gäste haben sie nie zurückgegeben!«

»Isidor, was soll ich heut' Nacht auf dem Maskenball anziehn, daß mich keiner kennt?«
»Nu –. Wasch dir den Hals, dann kennt dich keiner mehr.«

Menasche zu seinem Sohn: »Schau, wie schlecht du aufpaßt auf deine Kleider! Diesen Rock hat schon dein seliger Großvater jahrelang getragen – und als er starb, war der Rock wie neu. Dann hat ihn dein seliger Onkel zehn Jahre getragen – und als er dahinging, war der Rock immer noch wie neu ... Und du hast ihn erst seit sechs Monaten, und schon sieht er aus wie ein alter Fetzen!«

Vor dem Essen die Hände zu waschen ist rituelles Gebot. –
Schnorrer Mandelzweig ist bei einem reichen, aber nicht sehr frommen Juden zum Nachtessen eingeladen.
Da er nicht weiß, wie weit hier die religiösen Bräuche eingehalten werden, fragt er bescheiden: »Sie gestatten doch, daß ich mir vor dem Essen die Hände wasche?«
»Was heißt gestatten?« fragt der Hausherr nach einem Blick auf Mandelzweigs Hände zurück, »ich bitte darum!«

Krotoschin: Kleiner Ort in Schlesien mit einst großer, armer, jüdischer Gemeinde.
Der schlimmste jüdische Fluch: »Sollst haben zwei Zentner Seife und sollst sie verkaufen müssen in Krotoschin!«

Itzikl: »Mutter, an der Wand sitzt eine Wanze.«
»Unsinn! Das ist ein Nagel!«
»Mutter, Mutter! Schau! Der Nagel läuft!«

Moritzl trifft auf dem Schulweg einen Kameraden.
Der Kamerad: »Sag, Moritzl, seit wann tragst du eigentlich die Nos'n so hoch?«
Worauf er: »Seit mir mei Mame aus'n Bod'n von Großtate (Großvater) seiner alt'n Hojsn ä neie West'n gemacht hat.«

Zwischen Jud und Christ

Im Mittelalter zwang die katholische Kirche den Juden Disputationen zwischen Rabbinern und katholischen Geistlichen in der Hoffnung auf, auf diesem Weg die Bekehrung der Juden zu erreichen. Diese Disputationen waren von den Juden gefürchtet, denn die Spielregeln waren im voraus so festgelegt, daß die Juden nicht siegen konnten. Wenn sie aber unterlagen, wurden sie hart bestraft.

Der Bischof von Mainz verlangte einst von den Frankfurter Juden, sie möchten ihm einen der Ihren zur Disputation stellen. Alle hatten Angst – da meldet sich Klein Moritz freiwillig! Er kommt zum Bischof. Der zeigt ihm die geschlossene Hand mit ausgestrecktem Daumen.
Moritzl zeigt dem Bischof die geschlossene Hand mit zwei ausgestreckten Fingern.
Der Bischof zeigt die flache Hand.
Moritzl zeigt die geballte Faust.
Der Bischof nimmt einen goldenen Kelch mit Erbsen und schüttet die Erbsen auf den Boden aus.
Moritzl nimmt den Kelch, sammelt die Erbsen wieder hinein und nimmt alles unter den Mantel.
Der Bischof entläßt ihn huldvoll und sagt zu seiner Umgebung: »Es muß wohl wahr sein, daß die Juden weise Männer sind. Ich hab ihm gezeigt ›Ihr glaubt an einen Gott‹, er hat mir gezeigt, ›Ihr glaubt an zwei, den Vater und den Sohn‹. Ich hab ihm gezeigt ›Ihr seid schutzlos auf der Erde‹, er hat mir gezeigt ›zusammengeschlossen sind wir mächtig‹. Ich hab ihm gezeigt ›Der Herr hat euch über die ganze Erde verstreut‹, er hat mir gezeigt ›Aber er wird uns einsammeln und unter den Mantel seiner Gnade nehmen‹.«
Wie Moritzl heimkommt, fragen alle: »Nu, wie war's?«
Und Moritzl berichtet: »Ganz einfach. Er hat mir geboten

Eins, hab ich ihm geboten Zwei. Er hat gezeigt ›Ich geb Dir e Patsch!‹, hab ich ihm gezeigt ›Ich schlag Dir ein die Zähn‹. Das dritte Mal hab ich nur scharf aufgepaßt. Er hat genommen einen Pokal aus Gold mit Erbsen und hat ausgeschüttet die Erbsen auf den Fußboden. Ich habe genommen den Pokal, hab getan hinein die Erbsen. Und hier ist der Pokal!«

Noch im Altertum wurde in einer Zeit schlimmster Verfolgungen in die Sabbatgebete eine Stelle eingefügt, Gott möge die Nichtjuden (es waren damals die Heiden) von der Welt verschwinden lassen. Bei ihrer starken Traditionsbindung haben die Juden die Stelle seither nicht wieder aus dem Text entfernt.

Ungarn vor dem Ersten Weltkrieg. Der Bezirkshauptmann, der die höhere Kreisbehörde vertritt, hat von diesen Zeilen im Sabbatgebet erfahren. Er läßt den Rabbiner zu sich kommen und macht ihn darauf aufmerksam, daß die Verwünschung inskünftig nicht mehr vorgetragen werden darf.

Darauf der Rabbi, wehmütig: »Die Stelle mißfällt mir auch. Aber Sie können uns das Gebet ruhig weiter rezitieren lassen. Wir beten es schon über tausend Jahre und es hat bis heute nichts genützt.«

Gojim: in der Bibel = Völker; im spätern Sprachgebrauch nichtjüdische Völker oder einzelne Nichtjuden.

Der Prager Jesuitenbischof Hasselbauer, guter Kenner der jüdischen Religionsbräuche, sagte einmal zu dem berühmten Prager Rabbiner Jonathan Eibenschütz:

»Ihr seid Christenhasser. Täglich dankt ihr Gott in einem Segensspruch, daß er euch nicht als ›Gojim‹ erschaffen hat.«

»Demnach müßten wir«, meinte Eibenschütz, »auch Weiberhasser sein. Denn wir danken Gott auch täglich dafür, daß er uns nicht als Weiber erschaffen hat.«

Als Kaiser Franz Joseph die ostgalizische Stadt Brody besuchte, bemerkte einer seiner Generale: »Nichts wie Juden!«
»Richtig«, bestätigte der Kaiser, »jetzt verstehe ich auch, warum sich meine Ahnen unter anderm ›Könige von Jerusalem‹ nannten.«

Altösterreich. In der k. u. k. Armee gab es feudale Reiterregimenter, in denen ausnahmsweise, wenn der Papa über entsprechende Verbindungen verfügte, auch überaus reiche Juden als Einjährige dienen durften.
Der Oberst eines solchen Regiments, das schon unter Wallenstein im Sattel saß, pflegte deshalb, wenn ihm die Rekruten mit Abitur vorgestellt wurden, sobald er Namen hörte wie Fürstenberg oder Löwenstein, zu fragen: »Prinz oder Jud?«

1914. An der russischen Front. Der österreichische Kommandant: »Soldaten! Wir treten jetzt zu unserm ersten Kampf gegen den Russen an! Wer mir die feindliche Fahne mitbringt, bekommt 100 Kronen!«
Nach zwei Stunden kommt Sally Bromberger triumphierend mit der Fahne zum Kommandanten. Er wird öffentlich, vor der Kompagnie gelobt und bekommt die 100 Kronen.
Danach zieht ihn der Kommandant beiseite: »Sagen Sie, Bromberger, so ein Held sind Sie doch gar nicht! Wie haben Sie das nur zuwege gebracht!«
Bromberger: »Nu, sehr einfach. Der russische Fahnenträger war ein Jude, da hab ich mit ihm Kippe gemacht...«

1914. Moses Breitfeld, jüdischer Soldat in Rußland schreibt an seine Eltern über das Rote Kreuz: »Liebe Eltern! Ich bin Gott sei Dank in Gefangenschaft, ich hab mich übergeben. Mein Bruder Samuel liegt im Lazarett. Ihr sollt so gesund sein wie er es ist!«

Fromme Juden tragen immer eine Kopfbedeckung. – Zwischen den jüdischen Reformlern, früher auch Neologen genannt, und den Orthodoxen herrscht erbitterter Zwist.

Zum ungarischen Magnaten kommt der jüdische Pächter, nimmt höflich den Hut ab, behält aber darunter die Jarmulke (kleines rundes Käppchen) auf.
Der Magnat, interessiert: »Solche Käppchen trägt doch sonst nur der katholische Klerus?«
Jankel: »Wir tragen sie auch, und zwar immer, auch zuhause. Wir dürfen nicht mit unbedecktem Haupt herumgehen.«
»Aber ich hab doch schon viele Juden ohne Käppchen gesehen!«
»Ja, das sind unsere Neologen.«
»Neologen – was verstehen Sie darunter?«
Jankel, hitzig: »Herr Baron, Neologen sind noch etwas Ärgeres als Christen!«

Zur Kaiserzeit in Deutschland saß Herr von Breitenbach, Minister für öffentliche Arbeiten, dem auch das Eisenbahnwesen unterstand, bei einer Dienstreise mit einem jüdischen Reisenden allein im Coupé. Der Reisende war brennend interessiert, welchen Beruf sein Mitfahrer wohl ausübe. Der Minister wich allen indirekten Fragen aus.
Schließlich konnte der Reisende seine Neugier nicht mehr bezähmen und fragte geradeaus: »Ich reise für Grünblatt und Salmanowitz. Und für wen reisen Sie?«
Der Minister, abweisend: »Für Kaiser und Reich.«

»Für Kaiser und Reich? Nie von ihnen gehört. Aber dem Namen nach ist Ihre Firma auch jüdisch.«

König Friedrich Wilhelm I. in Preußen, bekannt durch seine gewalttätige Art, ritt einmal in Berlin durch den Tiergarten. Da sah er, daß zwei Menschen bei seinem Anblick schleunigst ins Dickicht flohen. Er befahl dem Reitknecht, die beiden hervorzuholen. Sie erwiesen sich als zwei jüdische Bettler.
»Warum habt ihr euch versteckt?« fragte der König streng.
»Mir ham uns geforcht!« bekannten die Juden.
Zornig ergriff der König sein spanisches Rohr und zerbläute die Bettler mit den Worten: »Donnerwetter! Lieben, lieben sollt ihr mich! Nicht fürchten!«

Altösterreich. Unter Kaiser Joseph II. wurde ein Seminardirektor Fessler, katholischer Theologe, zum »Zensor aller Bücher der Juden« ernannt.
Eines Tages meldete er dem Kaiser: »Die Juden drucken in ihre Bibelexemplare einen chaldäischen Kommentar, genannt Raschi, den der gemeine Mann nicht versteht, die Rabbiner jedoch zum Hineintragen von mancherlei Irrtümern und Aberglauben mißbrauchen.« (Offenkundig verwechselte Fessler den sehr populären Raschi-Kommentar mit der aramäischen Onkelos-Übersetzung der Bibel, die den Bibeln der Juden beigedruckt zu sein pflegt.)
Fessler schlug vor: »Wie wäre es, wenn ich den Juden diesen Raschi streichen und sie verhalten würde, statt dessen die deutsche Bibelübersetzung Moses' Mendelssohns beizudrucken?«
Der Kaiser dachte nach und meinte dann: »Das geht nicht! Mendelssohn war ein Naturalist (= Aufklärer, Ungläubi-

ger – was übrigens nicht stimmt), und ich will nicht, daß meine Juden Naturalisten werden.«

Der spätere König Friedrich Wilhelm IV. besuchte als Kronprinz eine Provinzstadt, wo er von den Einwohnern festlich empfangen wurde. Nur die Juden fanden sich zum Empfang des Kronprinzen nicht ein, denn es war Sabbat, sie saßen in der Synagoge und beteten.
Gleich Sonntag früh schickten sie aber eine Deputation zum Kronprinzen, um sich zu entschuldigen. Sie baten um eine Audienz, um ihre Aufwartung zu machen.
Der Kronprinz ließ ihnen sagen: »Schade! Aber heute kann *ich* nicht. Heute habe *ich* Schabbes.«

Im ungarischen Städtchen St. Miklós gastiert eine deutsche Theatertruppe mit kümmerlichem Erfolg. Der Direktor sieht ein, daß er bei der Wahl des Repertoires zu wenig Rücksicht auf das vorwiegend jüdische Publikum genommen hat. In Eile läßt er durch seine Truppe »Der Ewige Jude« von Eugène Sue einstudieren. Auf den Zetteln, die er verteilen läßt, macht er eigens auf die schaurige Schlußszene aufmerksam, in welcher der unglückliche Ahasver auf dem jüdischen Friedhof wieder einmal vergeblich den Tod sucht. Um die Szene besonders eindrücklich zu gestalten, läßt er den Schammes (Synagogendiener) des Städtchens zu sich kommen und gibt ihm, um höchste Milieutreue zu erzeugen, den Auftrag, auf die Grabsteine, die auf der Kulisse durch helle Rechtecke flüchtig angedeutet sind, beliebige hebräische Buchstaben aufzumalen ...
Am Abend ist das Theater ausverkauft. Das Publikum folgt der Handlung mit ständig wachsender Spannung. Zuletzt öffnet sich der Vorhang über dem furchterregenden Schlußbild: heulender Wind, fahler Mondschein über dem alten verfallenen jüdischen Friedhof ...

Da schallt plötzlich Jubelgelächter vom Publikum herauf...
Was war geschehen? Der Schammes, der keine Ahnung hatte, worum es in dem Stück ging, hatte alle Grabsteine mit der Aufschrift »koscher« versehen, die über dem Eingang jüdischer Restaurants und auf Packungen vom Rabbinat kontrollierter Lebensmittel zu stehen pflegt.

Zum Bezirksadjunkt von Neutra, Südungarn, kam eines Tages ein jüdischer Handelsmann gestürzt und schrie: »Helfen Sie, um Gottes Willen, Herr Adjunktleben! Draußen hat man zwei Juden totgeschlagen!«
Der Adjunkt, der die Ausdrucksweise und das Temperament seiner Juden kannte, ließ den armen Kerl zunächst einmal in den Kotter abführen.
Erst nach einer Stunde ließ er ihn wieder vorführen: »Nu, wo sind deine zwei toten Juden?«
»Herr Adjunktleben – der eine bin ich, und der andere wird jeden Augenblick herkommen!«

Nachfolgende Geschichte hat sich in der alten Donaumonarchie wirklich zugetragen:
Der Sohn des ungarischen Kultusministers Czaky hatte sich erschossen. Das Oberhaupt der jüdischen Orthodoxie von Budapest schickte an alle jüdischen Kultusgemeinden der Provinz ein Telegramm: »Kondolieren Sie Czaky!«
Aus dem tief orthodoxen Huszt kam sofort ein Antworttelegramm: »Czakys Wahl sicher. Seien Sie beruhigt. Alles begeistert für Exzellenz!«
Der entsetzte Adressat, zum Glück nicht Czaky selbst, sondern der orthodoxe Oberrabbiner in Budapest, telegraphierte zurück: »Um Gottes Willen! Nicht kandidieren! Kondolieren!«

Es kam die prompte Antwort: »Alles kondoliert begeistert! – Bitte telegraphieren Sie was das ist: Kondolieren!«

Altösterreich. Kohn zum Starosten seiner Stadt: »Sie sagen, die Juden sind hier gleichberechtigt. Das stimmt aber nicht.«
»Wie können Sie so etwas behaupten! Schauen Sie sich doch den tüchtigen Dr. Schönfeld an, wie großartig er Karriere gemacht hat!«
»Nu – was hat das mit Gleichberechtigung zu tun? Gleichberechtigt sind die Juden erst, wenn auch jüdische Dummköpfe Karriere machen können!«

An einem gewöhnlichen Wochentag – am Sabbat darf man ja kein Geld anrühren! – steht bei der Tür der Synagoge nach dem Morgengebet ein Schnorrer und bettelt alle Beter an, die herauskommen.
Unter den Betern ist auch der reiche Krakower, der den Schnorrer reich beschenkt.
Als aber Krakower am Nachmittag zufällig bei einer Kirche vorbeikommt, sieht er, wie der Schnorrer eben das Kreuz schlägt und sich unter die andern Bettler an der Kirchentür drängt.
Krakower stellt ihn empört zur Rede: »Heut früh haben Sie mich bei der Synagoge angeschnorrt! Sind Sie überhaupt ein Jud oder nicht?«
»Natürlich bin ich ein Jud!« beschwichtigt der Schnorrer, »aber bei die schlechte Zeiten kann ich von einem Gott allein nicht leben!«

Jakob Fürst reist erster Klasse. Der Herr ihm gegenüber stellt sich ihm vor: »Corpskommandant Prinz Lobkowitz.«

Jakob Fürst stellt sich ebenfalls vor: »Angenehm! Fürst Jakob.«

In der Polsterklasse des Kurierzuges Warschau–Berlin sitzt Salkowski. Zwei Herren steigen zu und stellen sich gegenseitig vor:
»Von Hohenhausen.«
»Von Rabenstein.«
Da erhebt sich Salkowski, verneigt sich höflich und stellt sich ebenfalls vor: »Von Meseritz.«

Nach der Estherlegende wurde der persische Minister Haman, der die Ausrottung der Juden geplant hatte, zusammen mit seinen zehn Söhnen gehenkt. Ein alter Midrasch (Kommentar) meint hierzu: Der Vater des Planes wegen, und die Söhne, weil sie ihm dazu geraten hatten.
Aus einem unerfindlichen Grunde gelten bei den Juden von den Söhnen Hamans Wajssosso als Narr und Dalfon als armer Teufel.
Tief nachdenklich fragt der Bocher (Talmudstudent) den Rabbi: »Rebbe, wie kann Wajssosso, der Narr, überhaupt Ratschläge erteilt haben, und woher nahm Dalfon, der Schnorrer, die Mittel zur Bestechung?«
Darauf der Rabbi, bitter: »Das ist sehr einfach. Wenn es gegen die Juden geht, dann hat Wajssosso plötzlich Einfälle, und Dalfon wirft mit einem Mal mit Tausendern um sich.«

Zaristisches Rußland. Jossel Jakubowitz, aus politischen Gründen deportiert, hat nach Meinung des Kommandanten etwas Todeswürdiges getan und soll gehenkt werden. Es erweist sich aber, daß im ganzen Straflager kein passender Strick aufzutreiben ist. Man müßte ihn aus der nächstgelegenen Stadt kommen lassen, das würde lange dauern und sich auf mindestens 10 Rubel stellen. Außerdem müßte man aus der Stadt auch einen Henker kommen lassen – und das ist mit viel Schreibereien verbunden.

»Soviel Umtriebe für einen Juden – das geht zu weit!« entscheidet der Kommandant, »ich schlage vor, wir geben dem Juden 10 Rubel und werfen ihn hinaus. Mag er sich selber aufhängen!«

Zaristisches Rußland. Der Offizier zur jüdischen Ordonnanz: »Paß auf, Simche, heut' nachmittag halte ich vor der Truppe eine patriotische Ansprache. Du mußt die Stimmung anheizen. Wenn ich die Brauen hochziehe, mußt du in Lachen ausbrechen. Und wenn ich das Glas Wasser an die Lippen hebe, dann mußt du applaudieren!«
»Herr Leutnant«, bittet Simche, »würde es Ihnen etwas ausmachen, die Signale auszuwechseln? Ich werde viel natürlicher lachen, wenn ich Sie Wasser trinken sehe!«

»Hep, hep!« = Schmähruf gegen Juden anfangs 19. Jahrhundert. Herleitung ungeklärt. Zwei Deutungsversuche: Abkürzung von »Hebräer« oder Anagramm aus »Hierosolyma est perdita« (Jerusalem ist verloren).
Das war noch vor Erfindung der Eisenbahn. Eine Gruppe polnischer Juden, kenntlich an Bart, Pejes (Schläfenlocken) und Kaftan, zieht auf der heißen Landstraße zur Leipziger Messe dahin. Am Straßenrand arbeiten Steinklopfer im Schweiße ihres Angesichts. Beim Anblick der Juden rufen sie höhnisch: »Hep, hep!«
Die Juden zucken schmerzlich berührt zusammen. Nur einer von ihnen, der älteste und weiseste, bleibt ruhig und sagt in feierlichem Ton: »Was regt ihr euch auf? Im Jenseits wird sich das alles ändern! Dort werden die Gojim reisen müssen zur Leipziger Mess', und wir werden dürfen an der Landstraße sitzen und klopfen die Steine!«

Ein ukrainischer Bauer steht vor Gericht. Er hat einen wildfremden Juden verprügelt.

»Warum hast du das getan?« fragt der Richter.
»Weil die Juden den Heiland gekreuzigt haben.«
»Aber das ist doch schon zweitausend Jahre her!«
»Mag sein. Aber ich hab es erst heute erfahren.«

Warum kommen die Juden aus dem Druck nie heraus?
Weil sie bekanntlich das »Volk des Buches« sind.

Bauer Michel: »Sagen Sie, Herr Kohn, was ist eigentlich der Unterschied zwischen Israelit und Jud?«
»Das ist ganz einfach. Wenn man sich Geld von uns leihen will, sind wir Israeliten. Wenn wir es zurückverlangen, sind wir Juden.«

Zitrinbaum kommt nach einem Autounfall mühsam unter dem Vehikel hervorgekrochen und tastet sich vorsichtig ab.
Ein Pater, der gerade dabeisteht, sagt gerührt: »Mein Bruder, ich war erfreut zu sehen, wie Sie selbst unter derartigen Umständen noch das Kreuz schlugen!«
Zitrinbaum: »Das Kreuz schlagen? Ich hab wollen sehn nach der Brille, nach der Brieftasche, nach dem Füllhalter, und ob weiter unten alles in Ordnung ist!«

Berlin, Zwanziger Jahre, Hochwelle der jüdischen Assimilation an deutsche Sitten.
Ein jüdischer Herr kommt in ein jüdisches Ritualiengeschäft und verlangt eine besonders elegant gebundene Gesamtausgabe der Gebetbücher.
»Ich habe nur solche mit Kartoneinband«, bedauert der Ladenchef, »aber ich bekomme demnächst noch eine Sendung sehr schöner Ausgaben.«
»Hoffentlich kommt sie rechtzeitig«, meint der Käufer

besorgt, »ich möchte sie meinem Sohn auf Weihnachten schenken.«

Heiratsinserat: »Theaterdirektor, langjähriger Christ, sucht die Bekanntschaft einer jungen Dame aus bester bemittelter Familie zwecks Eheschließung.«

Mandelbaum sitzt im Schnellzug Budapest–Wien einem eleganten Herrn gegenüber, der, wie sich erweist, ebenfalls in der Textilbranche tätig ist. Es ist Freitag, und als der Schnellzug sich Budapest nähert, fragt Mandelbaum: »In welche Synagoge gehen Sie heute abend?«
Darauf der zweite: »Ich bin kein Jude, auch nicht der Abstammung nach.«
Mandelbaum, verärgert: »Also, das ist schon sonderbar! Hat man endlich einen anständigen Juden kennengelernt, dann ist er gar keiner.«

Jom Kippur ist der strengste Buß- und Fasttag der Juden.

Mendel Rubin, mit Abstand der beste Schüler seiner Klasse, kommt am Tag vor Jom Kippur bedrückt nach Hause.
»Papa«, klagt er, »mein neuer Klassenlehrer ist ein Antisemit. Er gibt mir immer schlechtere Noten als ich verdiene.«
Der Vater schlägt das Schulheft Mendels auf, sucht nach der neuesten Zensur darin, und sagt ganz gerührt: »Schau, Mendel, dein Lehrer kann kein Antisemit sein. Hätt er sonst gerade vor Jom Kippur hineingeschrieben ›Fast gut‹?«

Weinreb und Kalkstein gehen ins Kino. Man zeigt einen historischen Schinken über das Leben Caesars. Die Römer werfen gefangene Gallier in der Arena rottenweise den Löwen vor.

Weinreb wird unruhig: »So e Antisemitismus, arme Jüden den Löwen zum Fressen vorzuwerfen!«
Kalkstein: »Gib a Ruh! Das sennen nicht Galizier, sondern Gallier!«
Weinreb beruhigt sich.
Nach einer kurzen Zeit wird er wieder unruhig.
Kalkstein: »Nu, was hast du schon wieder?«
Weinreb: »Der Löwe dort frißt nicht.«

Itzig ist aus dem zaristischen Rußland nach New York ausgewandert. Da er aber aus einem kleinen Städtchen stammt, ist ihm die Großstadt unheimlich, und er will sein Auskommen lieber in einer bescheidenen Provinzstadt suchen.
Er steigt in einem Städtchen aus und sucht als erstes nach der Synagoge, um dort Kontakt mit den ansässigen Juden zu finden. Weil er aber kein Englisch kann, kann er auch keinen Polizisten nach dem Weg fragen.
Da hat er eine Idee: Er stellt sich mitten auf eine Geschäftsstraße und schreit aus Leibeskräften: »Gewalt! Me schlugt Jidn!«
Auf der Stelle stürzen ein paar Juden aus ihren Läden herbei und fragen aufgeregt: »Wo schlägt man Juden?«
»In Rußland«, entgegnet Itzig ruhig, »ich möchte aber wirklich wissen, was euch das angeht und warum ihr euch darüber aufregt.«

Amerikanische Truppen sind nahe bei einer idyllischen Kleinstadt stationiert, wo Lady S. einen großen Ball geben will. Wenige Stunden vor Beginn des Festes sagen einige Herren ab. Es werden also Tänzer fehlen!
Die Lady hat einen Einfall: Sie läutet die Militärkommandostelle an und bittet:

»Schicken Sie mir doch einige Offiziere für meinen Ball, aber unter keinen Umständen Juden!«
Am Abend stehen uniformierte, stramme Neger vor der Tür und melden sich für den Ball.
»Das muß ein Irrtum sein«, stottert die Lady.
»Ausgeschlossen«, sagt einer der schwarzen Offiziere, »Colonel Rosenblum irrt sich nie!«

Schlafwagen Kanada–San Francisco. Zwei jüdische Herren verlangen vom schwarzen Schlafwagenkellner alle möglichen Extras und geben ihm keinen Cent Trinkgeld.
Als sich das täglich wiederholt, sagt der Kellner finster zu seinem Kollegen: »Ich fange an zu glauben, daß die Juden Jesus wirklich umgebracht haben!«
Beim Aussteigen gibt jeder der zwei Juden dem Schwarzen 5 Dollar.
Der rennt zu seinem Kollegen und sagt: »Ich habe mich jetzt anders überzeugt. Die Juden haben Jesus nicht umgebracht, sondern zu Tode geärgert.«

Washington. Der Leiter einer jüdischen Religionsschule besichtigt mit seinen Schülern die »Independence Hall« und deutet auf die Inschrift »Proclaim liberty throughout the land into all habitants thereof!«
»Ihr kennt doch diese Zeilen?« fragt der Lehrer die Schüler, »sie stammen aus unserer Heiligen Schrift.«
Eine christliche Amerikanerin hat es zufällig gehört. Entrüstet flüstert sie ihrem Nachbarn zu: »Hörst du die Frechheit? Ich möchte wissen, was die Juden als nächstes für sich beanspruchen werden!«

Nach mosaischem Gesetz dürfen die Juden keine wirbellosen Tiere (Austern, Schnecken, Langusten etc.) essen.

New York. Ein streng orthodoxer jüdischer Wohltätig-

keitsclub trifft sich alljährlich zu einem großen festlichen Fischessen. Als das Diner beginnt, stellt sich heraus, daß die Fischfilets nicht entgrätet sind.
Die Herrschaften beklagen sich beim Manager.
Dieser entschuldigt sich: »Ich kann nichts dafür. Ich habe mich nur an die Anweisungen Ihres Rabbiners gehalten, der mich ausdrücklich darauf aufmerksam gemacht hat, daß die Juden Meertiere ohne Gräten nicht essen dürfen.«

Ruben Lemberger ist irrtümlich in die Versammlung einer christlichen Sekte hineingeraten. Schweigend hört er der Predigt zu.
Der Prediger ruft aus: »Alle, die in den Himmel kommen wollen, sollen sich erheben!«
Es stehen alle auf außer Lemberger.
»Und Sie«, fragt der Prediger, »wollen Sie nicht in den Himmel?«
Darauf Lemberger, befremdet: »Jetzt gleich? Nein!«

Schikse: verächtlicher Ausdruck für nichtjüdisches Mädchen.

In Hollywood erzählt man sich: Marylin Monroe und Liz Taylor, zwei bekannte Filmstars, die beide eine Zeitlang jüdische Ehemänner hatten und daher zum Judentum übergetreten waren, unterhalten sich in einer Drehpause, als auch Brigitte Bardot hinzutritt. Sagt die Monroe zur Liz: »Please, speak Yiddish, the Shikse comes here!«

Jankel steht vor einer Kathedrale neben einem Fremden, während das melodiöse Glockenspiel mächtig erklingt.
Der Fremde, entzückt: »Was für ein zauberhaftes Läuten!«
Jankel: »He?«
Der Fremde: »Ich sage: Das Glockenspiel ist hinreißend!«
Jankel: »He?«

Der Fremde: »Ich bin begeistert von der Glockenmelodie!«
Jankel: »He? Verzeihen Sie, aber in dem Glockenkrach kann ich Sie nicht verstehen!«

Hersch Krakauer kommt in das leere Eisenbahncoupé, und da es heiß ist, zieht er Rock und Schuhe aus und legt die Füße auf die Bank gegenüber.
Ein eleganter Herr steigt zu. Auf der Stelle zieht sich Krakauer wieder an und senkt die Füße artig auf den Boden herab.
Der vornehme Herr blättert in seinem Terminkalender, blickt auf und fragt: »Wissen Sie zufällig, auf welches Datum in diesem Jahr Jom Kippur fällt?«
»Esoi!« ruft Krakauer erfreut aus, und bevor er antwortet, zieht er sich wieder aus und hebt die Füße wieder auf die Bank gegenüber.

Getauft

»Gojischer Kopp«: feste jiddische Redensart für geistige Schwerfälligkeit, Vergeßlichkeit, Denkschwäche.
Beim Morgengebet zieht der Jude Talles und Tefillen (siehe Glossar) an. Dawenen = beten.

Herr und Frau Schächter haben sich taufen lassen. Eines schönen Morgens kommt Frau Schächter ins Schlafzimmer und findet ihren Mann vor, wie er, in inniger Ekstase, den Körper vor- und rückwärtsschaukelnd, dawent.
»Um Himmels willen, David«, schreit sie empört auf. »Was treibst du da?!«
David hält mit Schaukeln erschrocken inne, faßt sich an den Kopf und stöhnt: »Oj, mein gojischer Kopp!«

»Schma Jissroejl«: Anfangsworte des jüdischen Glaubensbekenntnisses, als spontaner Schreckensausruf gebräuchlich.

Lewinger hat sich taufen lassen. Eines schönen Morgens bleibt ihm die Uhr stehen. Er geht auf die Straße hinunter und fragt den ersten besten Passanten: »Verzeihung, wie spät ist es?«
»Zehn Uhr«, antwortet der Fremde.
»Schma Jissoejl!« ruft Lewinger entsetzt aus, »ich hab die Messe versäumt!«

Chaim Weizenkorn hat sich bereits taufen lassen. Da er für Wallenstein, den Herzog von Friedland, schwärmt, hat er sich bei der Taufe Wallensteins sämtliche Vornamen zugelegt: Albrecht, Wenzel, Eusebius.
Nun reicht er beim Kaiser Franz Joseph ein Gesuch ein, weist dabei auf seine Vorliebe für Wallenstein hin, erwähnt auch, daß er dessen Vornamen bereits trägt, und bittet, ob

ihm nicht gestattet werden kann, auch den Nachnamen ›Wallenstein‹ zu tragen.
Die gnädige Antwort lautet: »›Wallenstein‹ kann nicht gestattet werden, wohl aber – was doch auf dasselbe herauskommt – ›Friedländer‹ (häufiger jüdischer Nachname).«

Vor 1914 konnten nur sehr wenige sogenannte »konzessionierte« Juden in Rumänien Grundbesitz erwerben.
Einer dieser Begünstigten stirbt – er hat keine Söhne, sein Neffe in Galatz wird das Gut erben. Jedoch die Aussicht, daß er ebenfalls »konzessioniert« wird, ist gering. Er wird also voraussichtlich die Domäne verkaufen müssen...
Als er auf dem Gut eintrifft, bestürmen ihn die Agenten schon am frühen Morgen. Einem von ihnen gelingt es nach Bestechung der Dienerschaft, zum Erben vorzudringen. Dieser steht da, gehüllt in den Talles (Gebetsmantel), mit den Tefiln (Gebetskapsel) an der Stirn und den schwarzen Gebetsriemen am Arm, schaukelt ekstatisch vor- und rückwärts und rezitiert in tiefer Andacht das Morgengebet.
Der Agent wartet respektvoll ein Weilchen, dann aber steigt in ihm die Besorgnis auf, die andern Agenten könnten sich ebenfalls Einlaß verschaffen.
»Verzeihen Sie vielmals«, flüstert er, »ich weiß, man darf beim Gebet nicht stören. Aber Sie werden doch ohne Zweifel das Gut Ihres Onkels verkaufen müssen...«
Der Neffe schüttelt den Kopf und macht eine abwehrende Bewegung mit der Hand.
»Sein Sie doch vernünftig«, insistiert der Agent. Es hilft ja nichts. Sie werden das Gut nicht übernehmen können...«
Der Neffe schüttelt zornig den Kopf und betet doppelt so laut weiter.

»Ich versteh, daß Sie das ärgert«, räumt der Agent ein, »aber da es unvermeidbar ist...«
Der Neffe, außer sich vor Zorn, rezitiert jetzt mit der Lautstärke eines Vorbeters in der Synagoge.
»Das ist doch zwecklos!« beharrt der Agent ungeduldig, »als Jude...«
In diesem Augenblick hat der Erbe sein Gebet beendet. Er legt den Gebetmantel zusammen, rollt die Gebetriemen auf und sagt in äußerstem Zorn: »Was heißt da Jude?! In zehn Minuten bin ich getauft. Im Nebenzimmer wartet der Pope – nebbich (siehe Glossar)! – schon eine volle Stunde auf mich!«

Der Pfarrer hat dem taufwilligen Isidor Goldbaum monatelang Unterricht erteilt. Doch Isidor, dem nur an der raschen Taufe und nicht das Geringste an den katholischen Lehren und Dogmen liegt, erweist sich als ein miserabler Schüler.
»Herr Goldbaum«, seufzt der Pfarrer, »ich fürchte: einmal taufen wird bei Ihnen nichts nützen – und zweimal taufen ist nicht erlaubt.«

Peckeles hat sich taufen lassen und beantragt beim zuständigen Minister eine Namensänderung.
»Was haben Sie gegen den Namen Peckeles einzuwenden?« fragt der Minister.
»Namen mit der Endung -eles klingen so jüdisch«, erklärt Peckeles.
»Jüdisch?« wundert sich der Minister, »wieso denn? Denken Sie doch an Aristoteles, Praxiteles! Was haben Sie bloß gegen Peckeles?«

Taufen heißt jiddisch schmaden (von hebr. schamod = vernichten), getauft heißt »geschmadt«.

Zeitweise traten Wiener jüdische Parvenus gleich familien- und rudelweise zum Katholizismus über. Die Taufe wurde immer ganz groß gefeiert. –
Frau Pinkus zur frisch getauften Frau Grün: »Wir lassen uns auch taufen!«
Frau Grün: »Wie schön! Und wann findet die Schmatiné statt?«

Im Gegensatz zu den Christen behalten die Juden bei religiösen Handlungen den Hut auf. –

In der schönsten Wiener Kirche steht wieder einmal eine jüdische Familientaufe bevor. Natürlich haben sich auch viele Freunde und Verwandte zu der interessanten Feier eingefunden.
Vor dem Beginn der religiösen Handlung ruft der Küster die männlichen Gäste diskret beiseite und flüstert ihnen zu: »Die Herren sind gebeten, die Hüte abzunehmen.«

Der berühmte jüdische Prager Prediger Dr. Jellinek in einer Predigt vor seiner durch Taufe bereits bedenklich geschrumpften Gemeinde:
»Und wenn ihr euch auch taufen laßt – was wird sich schon ändern? Die Kaufleute werden weiter jammern: Nix zu handeln! Die Ärzte: Nix zu behandeln! Und die Advokaten: Nix zu verhandeln!«

Goldschmidt läßt sich taufen und kürzt seinen Namen auf das arischer klingende »Schmidt« ein.
Feinberg: »Heißt e Chammer (Esel)! Der erste Jüd, was wirft e weg freiwillig sein Gold!«

Kohn ist zum christlichen Glauben übergetreten. Tags darauf trifft er seinen Bruder auf der Straße.
Der Bruder fragt: »Ich habe gehört, du hast dich taufen lassen?«
»Ja, das stimmt.«
»Und, wie war's?«
»Das geht dich Saujud einen Sch... dreck an!«

Bankier Günzburgers Sohn hat doktoriert und ist mit seiner Frau zusammen zum Christentum übergetreten. Das tut dem alten Günzburger in seinem Herzen weh. Auch daß der Sohn ihm häufig seine beiden gut geratenen Knaben zu Besuch schickt, tröstet ihn nicht. »Sie sind nicht mehr mein Blut«, erklärt er traurig.
Einmal aber schaut er den beiden Knaben zu, wie sie mit Papierschnitzelchen spielen.
»Was macht ihr da, Kinderchen«, fragt er verwundert.
»Wir spielen Wechselchen«, erklären die Knaben.
Darauf Günzburger, gerührt: »Doch mein Blut!«

Herrn Grünbaums Schwester hat sich taufen lassen und ist Nonne geworden. Als sie stirbt, meint der Pfarrer, Grünbaum sollte sich an den Beerdigungskosten beteiligen.
Grünbaum klärt lange und begibt sich dann zum Pfarrer: »Als Nonne war doch meine Schwester die Braut des Herrn?«
»Jawohl.«
»Nu – soll er, der Herr Schwager, auch bezahlen for sie!«

Bei Neureichs in Wien.
»Herr Kohn, ich kann Ihnen meine Tochter nicht geben. Wir haben uns kürzlich taufen lassen und beschlossen, unser Kind nur mit einem Christen zu verheiraten!«

»Nu – auch gut! Geben Sie 10 000 Gulden mehr Mitgift und ich laß mich auch taufen!«

Herr Weinstein und Familie haben sich taufen lassen. Trotzdem bewirbt sich Schmul Goldgewicht um die Hand der Tochter Riwka. Dem alten Weinstein paßt das nicht:
»Mein lieber Goldgewicht, das geht nicht. Erstens sind Sie e Jud – und wir sind Christen.
Und zweitens: Se sind e Schnorrer und haben ka Geld – und Geld ist bei uns Juden immer die Hauptsach.«

Nach jüdischem Ritualgesetz muß man vor dem Essen die Hände waschen und einen Segensspruch dazu sprechen.

Drei Konvertiten gehen zusammen ins Restaurant. Bevor der Kellner mit der Suppe kommt, entschuldigt sich der eine und geht hinaus.
Sagt der zweite zum dritten: »Da schau her! Jetzt ist er schon sechs Wochen getauft, und noch immer geht er sich die Hände vor dem Essen waschen! Der Saujud!«

Bildung

Die verschiedenen jiddischen Idiome unterscheiden sich vor allem in den Vokalen voneinander. Das im nachfolgenden sehr alten Witz zitierte Westjiddisch ist seit hundert Jahren praktisch ausgestorben.

In der Mitte des 19. Jahrhunderts wird ein jüdischer Religionslehrer aus dem Fränkischen nach Posen berufen, wo man noch das Westjiddisch spricht. Er berichtet nach Hause:
»Eine hochinteressante Sprache haben die Juden hier! Statt breit sagen sie braat, statt braten broten, statt Brot Braut, – und für Braut sagen sie Kalle (hebr. Braut)!«

»Jankef, ich mecht machen e Gedicht. Kannst du mir helfen? Ich such e Reim auf Form.«
»Auf Form? Sehr einfach: Worm (jiddisch = Wurm).«
»Fein. Und auf Schirm?«
»Auf Schirm? Würm.«
»Großartig. Jetzt fehlt mir noch ein Reim auf Turm.«
»Turm? Turm? Auf Turm weiß ich leider keinen Reim.«

Der Melamed (Religionslehrer) in Posen, der selber noch mit Jiddisch als Muttersprache aufgewachsen ist, möchte den Kindern, die meist frisch aus Polen kommen, zusammen mit dem Hebräischen ein wenig Deutsch beibringen.
»Ich habe bemerkt«, sagt er, »daß ihr ›mir‹ und ›mich‹ verwechselt. ›Mich‹ ist Einzahl, ›mir‹ ist Mehrzahl. Merkt euch das! Also zum Beispiel: Es tut *mich* leid; dagegen *mir* Jüdn sind ein geplagtes Volk.«

Silberstein hat einen Poeten zum Diner eingeladen. Auf den Tisch kommen dem Gast zuliebe nur ganz exquisite Speisen. Nach dem Essen fragt Silberstein den Poeten:

»Nu, Herr Doktor, wie hat Ihnen gefallen das Menu?«
Der Dichter, in poetischer Erregung: »Die ganze Speisenfolge – ein Gedicht! Jeder Gang – eine Strophe!«
Silberstein, aufgeregt: »Dieses Essen nennen Sie eine Strofe (jiddisch = Strafe)?! Das sag ich sofort meiner Frau«

Herr Friedmann kommt ins Geschäft und fragt den Buchhalter:
»Wo ist der Commis?«
»Er ißt.«
»Schön, aber wo ist er?«
»Sie hören doch: Er ißt.«
»Zum Teufel, *wo* ist er denn?«
»Er tut essen.«
»Ach so! Warum reden Sie nicht deutsch?«

Talmudstudent: »Rebbe, wie sagt man? ›Der Tate (Vater) kimmt‹ oder ›der Tate gejt‹?«
»Beides falsch«, entscheidet der Rebbe, »es heißt ›der Tate kimmt zu gejn‹.«

Herschowitz, dessen Geschäfte schlecht gehen, will es zur Abwechslung mit Import von Südfrüchten versuchen und fährt zu diesem Zweck nach Rom.
»Nu – was haste erreicht?« will sein Freund wissen.
»Nichts. Die Konkurrenz ist zu groß«, klagt Herschowitz.
»Haste wenigstens das Kapitol gesehen?«
»Das Kapitol?!« ruft Herschowitz bitter aus, »nicht einen Heller!«

Goldblatt und Frau machen eine Bildungsreise nach Italien. Sie kommen nach Rom. Die Frau liest aus dem Reiseführer vor:

»Auf des Kapitols Ruinen ...«
Goldblatt: »Hör auf zu jüdeln! Es heißt nicht Kapitol, sondern Kapital!«
»Hier steht aber Kapitol!«
»Zeig her! In der Tat! Das is e Druckfehler!«

Jiddische Steigerung:
Klein – kleiner – heißt e Größ!
Groß – größer – e Kleinigkeit!«

Jiddisch Tate = Vater
Wie nennt man ein vaterloses Kind auf musikalisch?
Kantate (= kan Tate).

Der Sohn ist aus Tarnow nach Wien ausgewandert und dort in ein großes Textilgeschäft als Commis eingetreten. Der Vater besucht ihn und kommt stolz zurück:
»Mein Sohn ist in einer Firma! Also mindestens ein Dutzend Compagnons gibt es da, man kann sich die Namen gar nicht merken! Ich hab sie mir aufgeschrieben, hört einmal zu!«
Er zieht einen Zettel aus der Tasche und liest – buchstabengetreu – vor:
»Modes, Ruches, Dentelles, Robes, Peluches, Laines, Etoffes, Pinkeles & Co.«

Ehepaar Karfunkel aus Posen macht eine Ferienreise. Mit der lebhaft schaukelnden Schwebebahn fahren sie einem Aussichtspunkt zu.
Frau Karfunkel schaut aus der Kabine in die Tiefe hinunter und flötet entzückt: »Prächtich! Prächtich!«
»Brech du dich, wenn dir schlecht ist!« sagt zornig der Gatte, »ich fühl mich restlos wohl!«

Gitel, eine bescheidene Warschauer Jüdin, hat von ihrem Sohn aus New York einen Scheck erhalten und will ihn an der Bank einlösen.
»Gern«, sagt der Beamte, »aber Sie müssen den Scheck signieren.«
»Was heißt das?« fragt Gitel verwirrt.
»Sie müssen«, erklärt der Beamte geduldig, »auf der Rückseite Ihren Namen genau so hinschreiben wie auf einem Brief.«
»Ich verstehe«, sagt Gitel und schreibt:
Tausend Küsse! Deine treue Gitel.

Jentes Sohn ist aus Warschau nach New York ausgewandert, hat dort geheiratet, ist zu Geld gekommen und hat jetzt seine Mutter zu sich geholt.
Die Mutter sitzt schüchtern im Zimmer. Die Katze klettert auf den Tisch.
»Husch«, sagt die Mutter leise. Die Katze bleibt sitzen.
Da kommt die Schwiegertochter, sieht die Katze auf dem Tisch und schreit wütend: »Get down!«
Die Katze flieht.
Darauf Jente, seufzend: »Ich wollte, ich könnte so gut englisch wie eine amerikanische Katze!«

Nach der Predigt geht Warschawski auf den Rabbi zu und sagt begeistert: »Ihre Predigten sind alle so herrlich! Sie sollten sie in einem Buch gesammelt herausgeben!«
»Höchstens postum«, wehrt der Rabbi bescheiden ab.
»Hoffentlich recht bald«, wünscht Warschawski herzlich.

Zu Purim (Freudenfest zur Fastnachtszeit) gab es beim Rabbiner ein feines Gastmahl, zu dem alle Kultusangestellten eingeladen waren. Der Rosch-Hakohel (Gemeindevorstand) erhebt sich und toastet:

»Nach der Flut kommt die Ebbe,
Es lebe der Rebbe!«
Begeisterter Beifall.
Der Schammes (Synagogendiener) will auch das Seinige tun, er erhebt sich ebenfalls und dichtet:
»Nach dem Essen kommt das Grebbezen (Aufstoßen),
Es lebe die Rebbezen (Rabbinerin)!«

Baruch Stein ist in judaistischen Dingen ein totaler Ignorant, aber dennoch Mitglied des Schulrats für den jüdischen Religionsunterricht. In dieser Funktion wohnt er einmal einer Lektion bei.
Der Lehrer fragt: »Wer hat die Psalmen geschrieben?«
Moritzl, erschrocken: »Nicht ich! Bestimmt nicht!«
Baruch Stein mischt sich ein: »Sie können dem Jungen aufs Wort glauben. Ich kenne seine Eltern, er stammt aus einer braven Familie!«

Postamt Berlin. Moische Geliebter: »Fräulein, ich möcht ein Telegramm nach Przemysl aufgeben!«
»Bitte, buchstabieren Sie das!«
»Wenn ich es buchstabieren könnt', würd' ich nicht telegraphieren, sondern einen Brief aufgeben.«

Wie erobert man auf musikalisch eine Frau?
Man schenkt ihr einen *Strauß*, führt sie zum *Suppé* und überrascht sie mit einem *Rubinstein.*
Und wie wird man sie am besten los?
Man beginnt mit ihr *Händel,* führt sie zum *Bach,* und *Gluck*! ist sie weg!

Ginzburg hat ein Musikcafé eröffnet und ein ausgezeichnetes Unterhaltungsorchester engagiert. Nur auf den Trom-

peter ist er böse, weil der hin und wieder pausiert. Zornig stellt er ihn zur Rede.
»Aber Herr Ginzburg«, klärt ihn der Trompeter auf, »ich hab doch an dieser Stelle ein ›tacet‹.«
Darauf Ginzburg, wütend: »Wenn Sie ham ein Tacet, dann bleiben Se gefälligst zuhaus und stecken Se mer nicht die andern Musiker an!«

»Herr Kohn, wie geht es Ihnen? Was macht Ihr Sohn?«
»Er ist nach Wien ausgewandert und e bekannter Dichter geworden.«
»Dichter? Was macht er da?«
»Verse.«
»Verse – was ist das?«
»Nu – ich will Ihnen geben e Beispiel. Wenn die Kuh aus dem Stall weggelaufen ist, wird e gewöhnliche Hausfrau zum Knecht sagen: ›Schabse! Die Kuh ist fort! Fang sie ein!‹
Mein Sohn aber wird es in einem Reim ausdrücken:
›Schabse –
Chapp (jiddisch = fang!) se!‹«
»Schön – und davon lebt er?!«

Vor dem deutsch-französischen Krieg im Jahr 1870 setzten viele Elsässer, da sie ja zu Frankreich gehörten, ihren Stolz darein, nur französisch zu parlieren. Auch Frau Rebekka Veilchenblum will nur noch französisch sprechen, zumal die einzige Tochter nach Paris geheiratet hat.
Eines Tages fährt die Mama nach Paris, um ihre Tochter dort zu besuchen. Nach ihrer Heimkehr beklagt sie sich bei ihrem Mann: »Stell dir vor, Pierre, sie ham mich alle for e Deutsche gehalten! Verstehste das?!«
»Nu, Rebekka«, meint der Mann, »das ist doch ganz einfach. Du wirst franzesisch geredt haben!«

Der alte Levy in Breslau: »Mei Sohn is geworden in Berlin e berihmter Mann, e Germanist...«
Bloch: »Germanist – was ist das?«
Levy: »Nu – was wird es schon sein? Er bessert aus den Daitschen ihnere Sprach'.«

Sonnenfeld: »Sag mal, was ist das eigentlich: Die Relativitätstheorie von Einstein?«
Tulpenthal: »Das weißt du nicht? Ich will es dir erklären. Also wenn de aufm Schoß von e jungem Mädchen sitzt, scheint dir eine Stunde wie eine Minute. Wenn de aber auf einem glühenden Ofen sitzt, scheint dir eine Minute wie e Stunde!«
Sonnenfeld: »Gott über die Welt! Und das hat der Einstein ausprobiert?!«

Korngelb, reich geworden, läßt seinem Sohn Klavierunterricht geben. Vom Nebenzimmer aus hört er zu.
Plötzlich kommt er außer sich vor Zorn ins Musikzimmer hereingestürzt und schreit den Klavierlehrer an: »Ich hab Sie engagiert, damit Sie mei Sohn das Klavierspielen beibringen – und Sie wagen es, mit ihm statt dessen Karten zu spielen?«
»Aber wie kommen Sie auf die Idee?« fragt der Klavierlehrer erstaunt.
»Ich hab ganz deutlich gehört, wie Sie zu meinem Sohn gesagt haben: ›Jetzt spielst du das As‹!«

Moritz kommt im Physikunterricht nicht recht mit und erhält daher Privatunterricht bei seinem Mitschüler Isaak Blum. Dieser erklärt ihm genau das Wesen des Vogelflugs.
Da fliegt eine Taube am Fenster vorbei.
Blum schaut ihr nach und sagt streng: »Diese Taube fliegt falsch!«

Moritzl besucht die Lateinschule.
An einem Freitag abend, zu Beginn des Festmahls, als ihm die Mutter eben ein Stück gesülzten Hecht auf den Teller gelegt hat, beginnt er plötzlich zu murmeln:
»Panis – piscis – crinis – finis.«
»Moritzl«, fragt der Vater verwundert, »was soll das heißen?«
Darauf Moritzl: »Nu – ganz einfach! Panis – das Abendbrot, piscis – der Fisch, crinis – das Haar, das ich drin gefunden hab, finis – ich hör auf zu essen.«

Frau Löwenthals Söhne besuchen alle das humanistische Gymnasium. Die Mama schnappt mitunter ein klassisches Zitat auf.
Eines Tages erzählt sie ihrem Mann: »Weißte, Benno, die Rosa Freudenthal hat mir vorgeprahlt, ihr Mann habe ihr neulich aus Paris ein Kleid von Worth für 5000 Francs mitgebracht. Da hab ich mir gedacht: Hic Rhodus – hic salta! (Hier ist der Rhodus, hier spring!) – hier zerspring! Und hab zu ihr gesagt: Und mein Mann hat mir mitgebracht aus Wien e Solitär für 10 000 Gulden!«

Feiwusch kommt mit seiner jungen Frau von der Hochzeitsreise zurück und lädt seinen Freund Bloch zum Kaffee ein. Er macht ihn eigens auf die in der Tat wunderhübschen Mokkatäßchen aufmerksam.
Bloch dreht sein Täßchen hin und her und ruft plötzlich aus: »Aber Feiwusch, du hast das Geschirr gestohlen! Hier ist doch aufgedruckt ›Hotel Majestic‹!«
»Was redstu da!« wehrt Feiwusch entrüstet ab, »es ist ehrlich erworben! Ich kann dir die Quittung zeigen. Auf der Rechnung steht wörtlich drauf ›Service 3 Mark. Betrag dankend erhalten. Hotel Majestic‹!«

»Herr Abeles! Lange nicht gesehen!«
»Ich war auf der Hochzeitsreise. In Venedig.«
»Aha. Die beiden Löwen auf dem San Marco gesehen?«
»Was heißt gesehen?! Ich hab sie gefüttert!«

Drei Herren im Zug nach Marienbad. Sie unterhalten sich ein wenig.
»Ich bin Antisemit. Und Sie?«
»Ich bin Semit.«
»Aha. Und Sie?«
»Ich bin mied.«
»Ich hab nicht gefragt, was Sie sind, sondern wie Sie gesinnt sind.«
»Was haisst gesind! Wenn ich wär gesind, für was müßt ich fahren nach Marienbad?«

Soirée bei Tulpenblatt. Man spielt Charade. Die Herren Doktoren Schiffer und Kahn müssen sich mitten ins Zimmer stellen, alle anderen Herren und Damen müssen sich um die beiden herum gruppieren und den Mund weit aufreißen.
»Was ist das?« fragt Tulpenblatt, der das Bild arrangiert hat.
Man rätselt hin und her – niemand findet die Lösung.
Endlich läßt Tulpenblatt sich erweichen und erklärt:
»Das ist Heine: Ich glaube, die Wellen verschlingen / Am Ende Schiffer und Kahn.«

Börsianer Eidotter gibt in seinem Haus ein Maskenfest. Als Leitmotiv für die Kostüme schreibt er vor: sie müssen alle etwas mit der Börse zu tun haben.
Das Fest läßt sich großartig an. Alle haben sich etwas Witziges ausgedacht, um Spekulationen, Aktiengesell-

schaften oder sonst etwas aus dem Börsenbereich zu karikieren.
Da kommt Sally Federkiel herein – verkleidet als Napoleon I.
Alle wundern sich: »Sally, was hat denn Napoleon mit der Börse zu tun?«
»Nu, sehr einfach«, erklärt Sally: »Korse (= Kurse)!«

Der junge Schönfeld will unbedingt die Kunstakademie besuchen. Der Vater, erfolgreicher Börsenspekulant, hat profunde Bedenken gegen die unsichere Karriere eines Malers. Offenbar hat er mit seinen Einwänden auch tatsächlich recht, denn der Sohn absolviert zwar die Akademie, ist aber mit achtunddreißig Jahren noch ein völlig unbekannter Maler. Der Papa hat sich inzwischen gründlich in die kunsthistorische Literatur vertieft.
Eines Tages meint er: »Weißte, Salo, am besten gibste die Malerei wieder auf. Wenn ich seh, was andere Maler schon ganz jung geleistet haben! Raffael war in deinem Alter sogar schon ein volles Jahr tot!«

Blaustein ist reich und fein geworden und läßt seinem kleinen Sohn Violinunterricht geben. Nach einiger Zeit erkundigt er sich beim Lehrer, ob der Junge Fortschritte macht.
»Er spielt nicht schlecht«, berichtet der Lehrer, »aber er hält den Takt nie ein. Statt Viertelnoten spielt er Achtel!«
»Nu«, sagt der alte Blaustein zufrieden, »das ist doch gut! Wenn er kann auskommen mit einem Achtel – warum soll er nehmen ein Viertel?«

Im Kunstpalais ist ein großmächtiges neues Gemälde ausgestellt mit dem Titel »Das Urteil des Paris«.

Blau zu Grün: »Kennen Sie schon ›Das Urteil des Paris‹?« Grün: »Urteil des Paris? Nie von ihm gehört. Wieviel Jahre hat er denn gekriegt?«

Buchhändler: »Nu, was suchen Sie so lange herum, Herr Rabinowitsch? Kaufen Sie doch diese hochinteressante Biographie von Thomas Mann!«
»Wieso? Wodurch war denn Frau Thoma so berühmt, daß ich die Biographie ihres Mannes kaufen soll?«

»Mei Sohn, der Student, is so gescheit! Letzte Woche hat er gemacht e große Abhandlung!«
»Gratuliere! Wieviel hat er abgehandelt?«

Kirschkern in Breslau hat den Sohn seines Pariser Geschäftsfreundes Maçon bei sich angestellt, nennt ihn aber, da er kein Französisch kann, dauernd ›Makon‹.
Eines Tages sucht er nach ihm, findet ihn nicht und fragt seinen Buchhalter: »Wo ist denn der Makon?«
»Masson«, korrigiert dieser, »er hat ein Cédille am c!«
Am andern Tag ist Maçon wieder da.
Kirschkern fragt ihn freundlich: »Nu, sind Sie wieder ganz gesund?«
»Ich war nicht krank«, erklärt Maçon, »meine Mama aus Paris war da und ich hab sie ausgeführt.«
»Ausgeführt?« wundert sich Kirschkern, »wie konnten Sie herumlaufen mit Ihrer Cedille am Zeh!«

Silberstein, reich geworden, geht zum bekanntesten Modemaler der Stadt, um sich Bilder für seine neue Villa auszusuchen. Vor einem der Gemälde bleibt er stehen:
»Was stellt das dar?«
»Die zwölf Söhne Jakobs.«

»Hat nicht auch Reichstein von Ihnen ein Bild mit zwölf Söhnen Jakobs?«
»Ja.«
»Für mich malen Sie vierzehn Söhne!«

Brünn 1912. Herr Ornstein führt seine Gäste durch sein neues, mit allem Luxus eingerichtetes Haus und kommentiert: »Den Spiegel, sehn Se, echt Venedig, hob ich gekoift for 500 Kronen. Der Sessel hier, echt antik, hot mich gekostet 1200. For den Teppich, wo Sie darauf stehn, e Prachtstück, mußt ich bezohlen fufzehn und e halbes Tausend...«
Einer der Gäste flüstert seinem Nachbarn angewidert zu: »Parvenu!«
Ornstein dreht sich entrüstet zu dem Gast um: »Nix barveni (tschechisch: gefärbt), is sich alles echt!«

Freudenheim, reich geworden, kommt zum Antiquar und wünscht Ziergegenstände für seine Wohnung.
»Ich hätt Ihnen was besonders Kostbares«, sagt der Antiquar, »diese schöne Vase hier ist volle dreitausend Jahre alt!«
Darauf Freudenheim, zornig: »Mich wollen Sie für dumm verkaufen?! Wie kann die Vase dreitausend Jahre alt sein, wenn wir doch erst 1925 schreiben!«

Der Klassenlehrer läßt Herrn Kohn zu sich kommen und sagt zu ihm: »Ihr Junge ist recht fleißig, er lernt auch alle mathematischen Lehrsätze tadellos auswendig – aber beweisen kann er keinen einzigen!«
»Herr Lehrer« bittet Kohn, »wozu plagen Sie meinen Jungen und verlangen von ihm Beweise? Er lügt nie! Sie können ihm auch ohne Beweise glauben!«

Schloimes Sohn, bildungsbeflissen, hat ein juristisches Kompendium erstanden und brütet über den schwer verständlichen Texten.
»Tate«, fragt er, »was mag das wohl sein: Eheirrung?«
»Nu – was wird's schon sein?« meint der Alte, »ich denke, wenn man sich geirrt hat in der Höhe der Mitgift.«

Pulvermachers Sohn studiert in Tschernowitz. Während der Ferien kommt er zu seinen Elern nach Kolomea.
»Was studierst du eigentlich?« will der alte Pulvermacher wissen.
»Philosophie«, sagt der Sohn, »wir behandeln jetzt die Sophistik.«
»Was ist denn das?« wundert sich der Alte.
»Nu«, erklärt der Junge, »ich kann dir z. B. beweisen, daß du gar nicht hier in Kolomea bist, sondern anderswo.«
»Na, beweis mal!«
»Also paß auf: Biste in Lemberg oder anderswo?«
»Natürlich anderswo.«
»Na also«, triumphiert der Junge, »wenn de bist anderswo, dann biste nicht in Kolomea!«
Der Alte denkt eine Weile nach. Dann versetzt er dem Studenten plötzlich eine Ohrfeige.
»Aj waj!« schreit der Student, »was schlägst du mich?«
»Ich dich schlagen«, fragt der Alte zurück, »was redest du da! Ich bin doch gar nicht hier!«

Das war in den Siebziger Jahren des 19. Jahrhunderts. Kommerzienrat Rosenblum aus Krotoschin hat in Berlin den Kronorden verliehen bekommen.
Als er wieder in Krotoschin ist, erzählt er begeistert: »Ihr könnt euch gar nicht vorstellen, was für Aufsehen mein Orden in Berlin erregt hat! Wie ich an der Neuen Wache

vorbeikomme, sieht mich der Posten, schreit sofort ›Garde raus!‹, und die Soldaten kommen aus der Wache herausgestürzt und präsentieren vor mir das Gewehr, bis ich an ihnen vorbei bin ...«
Der Neffe, mißtrauisch: »Das kann doch unmöglich stimmen, Onkel!«
»Nicht stimmen?« ruft der Onkel empört aus. »Ich habe einen Zeugen! Ihr braucht euch nur beim alten General Wrangel zu erkundigen, der ist auch gerade an der Wache vorbeigegangen und hat alles gesehen!«

Ein deutscher Jude kommt zu seinem Vetter nach Polen und erzählt ihm, wie er bei Metz mitgekämpft hat und wie sich zuletzt die hundertachtzigtausend Franzosen nach hartnäckiger Belagerung alle übergeben haben.
»Alle hundertachtzigtausend Mann?« fragt der Hausherr verwundert, »woran haben sie sich denn alle den Magen verdorben?«

»Hör Sara, unser Siegfried will unbedingt zur Kavallerie.«
»Der arme Junge! Er hat doch rein gar nichts Martialisches!«
»Nu – Säbelbeine hat er immerhin.«

Wien 1970. Lipschitz, längst amerikanischer Bürger, betritt ein Schmuckgeschäft, deutet auf eine teure Goldkette und fragt mit betont amerikanischem Akzent: »Uas kostet das?«
»Fünftausend Schilling«, antwortet der Juwelier.
»Ou«, antwortet Lipschitz, »und uiviel in mein Money?«
Der Juwelier mustert ihn von oben bis unten und meint: »Ja, so genau weiß ich das nicht. Ich vermute: Gegen 50 000 Zloty.«

Oper. Frau Wasserglas schwärmt: »Wie schön der Tenor singt!«
Herr Wasserglas ungerührt: »Nu – wenn schon! Wenn ich mecht haben seine Stimme, mecht ich auch so schen singen!«

Salmen ist aus dem Provinznest zu einem Geschäftsaufenthalt nach Posen gekommen und will sich für den Abend eine Theaterkarte besorgen. Über dem Theatereingang hängt ein großes Plakat: ›Hamlet oder der Prinz von Dänemark‹.
»Komische Leute«, wundert sich Salmen, »am Vormittag wissen sie immer noch nicht, was sie am Abend spielen wollen!«

Fleckeles löst an der Theaterkasse ein Billet für Goldmarks Oper »Die Königin von Saba«.
»Zwei Mark«, verlangt das Fräulein.
Darauf Fleckeles, begeistert: »E billiges Vergnügen! For zwei Silbermark vier volle Akte Goldmark!«

Der junge Abeles: »Tate, gib mir e Mark! Ich mecht heut Abend ausgehen und mich vergnügen!«
»Und dazu brauchst du e Mark!? Ich wer dir geben e bessern Rat! Geh in dein ungeheiztes Schlafzimmer, leg dich ins Bett und streck e Fuß in die eiskalte Luft heraus, bis du es nicht mehr aushältst. Dann zieh den Fuß schnell unter die warme Decke – wirste sehen, das is e Vergnügen!

Der Papa: »Schau, Moritzl, das da oben ist der Abendstern.«
»Auch e Jud?«
»Wie kommst du auf so einen Blödsinn?«

»Gestern hat die Mame gesagt, der Morgenstern, der is e Jud.«

Rosenbaum, Analphabet aus Kolomea, signiert seine Wechsel mit einem Kreuz.
Plötzlich unterzeichnet er mit einem Kreis.
»Was ist los?« fragt Grünfeld verwundert.
»Ich habe meinen Namen geändert«, erklärt Rosenbaum, »ich heiße jetzt Rosen.«

Vor dem Ersten Weltkrieg gab es in Ungarn eine große »Magyarisierungswelle«: Die Behörden sahen es gern, wenn die Bürger ihre deutsch klingenden Namen gegen ungarische eintauschten. Juden, denen die altösterreichischen Behörden lächerliche Namen angehängt hatten (Pulverbestandteil, Gesäßgezwitscher etc.) benutzten die Gelegenheit natürlich besonders eifrig, sich einen wohlklingenden magyarischen Namen zuzulegen. –

Der alte Kornblum kommt nach Budapest auf Besuch zu seinem Sohn, der sich inzwischen aus einem Feiwel Kornblum in einen Ferenc Kertesz verwandelt hat. Der Sohn stellt ihm seine Freunde vor – alles Juden, und alle haben sie eine ähnliche Namensmetamorphose durchgemacht.
Dann zeigt er dem alten Herrn die Stadt und führt ihn vor das Denkmal des ungarischen Nationaldichters.
»Das ist Alexander Petöfy«, erklärt er.
»Petöfy ... Petöfy ...«, murmelt der alte Kornblum. »Und wie hat er früher geheißen?«

Frau Pollak von Parnegg

Die Gattin des getauften und geadelten Wiener Industriellen Pollak von Parnegg war berühmt durch die vorwiegend obszönen Witze, die sie am laufenden Band durch ihre besondere Art von Bildungslücken unabsichtlich erzeugte. – Beim Einmarsch Hitlers stürzte sie sich aus dem Fenster.

Das deutsche U wird in vielen jiddischen Wörtern als Ü oder I gesprochen.

Frau Pollak von Parnegg: »Baron, Sie machen sich keine Vorstellung, was wir haben gegeben gestern für ein Menu (das u wird im Deutschen als u gesprochen) . . .«
Baron Schönfeld, höflich korrigierend: ». . . nü!«
Frau Pollak: »Wie haißt ›nü‹?! Zuerst gab es Kaviar und Austern, dann Spargel und Hummer, dann Ente mit Orangen, zuletzt Fürst-Pückler-Eis . . . Also ich sage Ihnen, ein Menu (wieder mit deutschem u gesprochen)!«
Der Baron: ». . . nü!«
Frau Pollak entrüstet: »Nü?! Ist Ihnen das noch nicht genug?«

Der Vortragende: ». . . und dann plötzlich . . .«
Frau Pollak von Parnegg, flüsternd zu ihrer Nachbarin: »Meint er »pletzlech« wie »bereits« oder »Pletzlech« wie süße Kichelchen?«

Es fällt das Wort »Brot«.
Frau Pollak: »Meint er »Brout«, was man bricht täglich, oder »Brout«, was man tätschelt?«

Bad Ischl. Frau Pollak von Parnegg kommt im feschen Dirndlkleid daher, trifft einen Bekannten und fragt kokett: »Na, wie gefall' ich Ihnen im Dirnenkleid?«

Frau Pollak von Parnegg: »Meine Tochter liebt immer nur platonisch: sie nimmt kan Geld.«

Frau Pollak von Parnegg stellt dem Grafen Hohenbalken ihre Kinder vor: »Mein Sohn Siegfried von Pollak, Klothilde von Pollak, Norbert von Pollak, und dies hier ist die kleine Elisabeth.«
»Sie ist nicht vom Pollak?« fragt von Hohenbalken interessiert.

Frau Rosenthal in Wien hat ein neues herrliches Tafelservice angeschafft. Frau von Pollak besieht sich die Teller sachkundig und interessiert, schaut auch auf den Stempel auf der Unterseite der Teller: sie sind echtes Rosenthal!
Als nach ein paar Monaten Gäste bei Frau Pollak eingeladen sind, hat sie ebenfalls ein neues Porzellanservice.
Sie dreht den Teller um, zeigt stolz ihrer Nachbarin den Namenszug »Pollak von Parnegg« und sagt hochmütig: »Was die Rosenthal kann, kann ich schon lang!«

Tristanaufführung. Alles lauscht mit angehaltenem Atem der Stelle: »O sink hernieder, Nacht der Liebe!«
Da erschallt deutlich hörbar aus Frau von Pollaks Loge: »Auf die Weis ist nebbich der arme Sami um sei ganz Vermegen gekommen!«

Frau Pollak von Parnegg kommt in einem herrlichen, seidenglänzenden Karakulpelz daher. Alle machen ihr Komplimente.
»Nu ja«, sagt sie stolz, »es ist eben ein echter Perversianer.«

Als die neue Villa fertig eingerichtet ist, lädt Frau von

Pollak Gäste zur Besichtigung ein. Sie führt sie durch alle Zimmer und erklärt: »Wie Sie sehen, meine Herrschaften, ist hier alles mit Seidenbrokat überzogen. Nur im Schlafzimmer habe ich einen Kretin.«

Skis oder Sküs: höchste Karte im Tarockspiel.
Schnapsen: Österreichisch für »Sechsundsechzig spielen«.

Weihnachten verbrachte Frau von Pollak auf dem Semmering. Als sie eines Abends mit einem Bekannten Sechsundsechzig spielt, gesellt sich ein Kiebitz dazu, der sie fragt: »Haben Sie Schi mitgenommen, Gnädigste?«
Worauf Frau von Pollak: »No na! Barfuß wer ich im Schnee herumrennen!« (Mißverständnis Schi = Schuh, jiddisch ausgesprochen).
Hierauf er wieder: »Ich meine, ob Sie Ski's haben?«
Und sie: »Wieso? Sie sehn doch, daß mer schnapsen!« (Mißverständnis Ski's = Skis).
Der Kiebitz gibt noch nicht auf und beginnt wieder: »Verzeihung, Gnädigste, aber ich wollte nur wissen, ob Sie Schi's haben?«
Wonach sie, ihn indigniert anblickend: »Schiß?! Wovor?«

Herr von Pollak hatte die Gewohnheit, sich mit der einen Hand an der Wand abzustützen, wenn er des nachts mit der andern unter dem Bett nach dem Nachttopf angelte. So entstand an der Tapete allmählich ein Fleck.
Frau von Pollak ließ den Tapezierer kommen, führte ihn ins Schlafzimmer und sprach dabei: »So, lieber Mann, ich will Ihnen den Fleck zeigen, auf den mein Mann nachts immer hingreift.«
Der alte Tapezierer verlegen: »San's net bes, Gnädigste, oba schauns', i bin scho a ojda Mau! Bitt schen, schenkns' ma lieber a Zigarrl!«

Berühmte Juden

Dem berühmten Philosophen und Dichter Abraham ibn Esra (Spanien 1092–1167) erzählten die Freunde einmal, daß viele Menschen ihn lobten.
»Ihr sagt, daß viele mich loben?« fragte er beunruhigt, »was habe ich denn Dummes getan?«

Der berühmte Rabbi Moses Isserles (16. Jahrhundert in Krakau) verlor in jungen Jahren seine Frau. An ihrem Grab hielt er eine tief durchdachte, allgemein bewunderte Trauerrede.
Hierauf bewarb er sich bei seinem Schwiegervater, Rabbi Schachna von Krakau, um die jüngere Schwester seiner Frau.
Der aber meinte: »Du gefällst mir nicht als Schwiegersohn. Einem Mann, der die Kraft hat, auf seine Frau einen so schön gebauten Nachruf zu halten, hat es an Liebe zu ihr gefehlt.«

Für den nachfolgenden Witz muß man wissen, daß die ersten chassidischen Wunderrabbis – vom Volk auch Zaddikim (= die Gerechten oder Heiligen) oder »gite jidn« (= gute Juden) genannt – in großer Armut lebten, später sich aber mit Luxus umgaben und große Geldgeschenke entgegennahmen, und daß die chassidische Bewegung, die von der Ukraine ausging, in Litauen nie Fuß gefaßt hat. –
Leon Brodsky, der reiche Zuckerfabrikant aus Kiew, lernte während eines Kuraufenthalts in Karlsbad den berühmten Rabbi Israel aus Salant (in Litauen) kennen. Als sie sich trennten, wollte Brodsky dem Rabbi einen Hundert-Rubelschein übergeben.
»Wofür das?« fragte der Rabbi verwundert.
Brodsky, der mit der chassidischen Bewegung sympathi-

sierte, erwiderte: »Bei uns Chassidim ist es üblich, wenn wir einen ›guten Juden‹ besuchen, ihm ein Geldgeschenk zu überreichen.«
»Merkwürdig«, meinte der litauische Rabbi, »in Weißrußland nennt man also einen ›guten Juden‹ den, der Geld nimmt. Bei uns in Litauen sprechen wir von einem guten Juden nur bei einem, der Geld gibt.«

Einmal saßen die Anhänger des chassidischen Rabbi Simcha Bunam von Parsischa im Gespräch um ihren Meister versammelt.
»Rabbi«, fragte einer der Jünger, »woran erkennt man einen echten Chassiden?«
»Vielleicht daran«, schlug ein anderer vor, »daß der betreffende mehr tut als verlangt wird?«
Rabbi Bunam schüttelte den Kopf.
»Wenn es so wäre«, meinte er, »dann wärt ihr alle nicht nur echte Chassidim, sondern sogar Heilige. Denn das mosaisiche Gesetz fordert ›Tu deinem Nächsten nichts Böses an‹, ihr aber tut sogar euch selbst Böses an!«

Rabbi Simcha Bunam von Parsischa sagte einmal: »Ihr solltet euch den Dieb zum Vorbild nehmen. Der Dieb hat drei nachahmenswerte Eigenschaften.
Erstens: Er ist nicht faul und tut seine Arbeit bei jedem Wetter und trotz jeder Schwierigkeit.
Zweitens: Mißlingt es, so fängt er wieder von vorne an.
Und drittens: Er strengt sich für große und kleine Dinge genau gleich an.
Im Dienst an Gott sollte sich der fromme Jude wie der Dieb verhalten.«

Der große chassidische Rabbi Israel Salanter pflegte in sei-

nem Städtchen das Backen der Mazze, des ungesäuerten Brotes für Pessach (Ostern) immer persönlich zu überwachen. Einmal war er aber gerade um diese Zeit herum krank und ein Schüler sollte ihn vertreten.
»Rabbi«, fragte der Schüler, »worauf muß ich besonders scharf achten?«
»Vor allem darauf«, sagte der Rabbi mit schwacher Stimme, »daß du nicht zu barsch mit dem Mazzebäcker sprichst. Er ist ein armer Witwer.«

Der Zaddik (chassidischer Wunderrabbi) Jizchak von Lublin, genannt »der Seher«, sagte einmal:
»Ich halte mehr von einem Bösewicht, der weiß, daß er ein Bösewicht ist, als von einem Frommen, der weiß, daß er ein Frommer ist.«

Zum berühmten Rabbi Josef Babad kam bitter weinend eine christliche Bäuerin. Sie hatte im Haus einer Jüdin ihren Geldbeutel liegen lassen, und die Jüdin leugnete es! Die Jüdin leugnete es auch dem Rabbi gegenüber.
Dieser dachte nach und entschied dann: »Da für keine der beiden Behauptungen ein Beweis vorliegt, muß der Schaden geteilt werden. Die Jüdin soll also der Bäuerin die Hälfte des verschwundenen Betrags ersetzen.«
Nach einigem Zögern erklärte die Jüdin sich einverstanden.
»Aber gib acht«, raunte der Rabbi ihr zu, »daß du nicht mit den Geldscheinen aus dem Beutel der Bäuerin zahlst!«
»So klug bin ich auch«, antwortet die Jüdin lächelnd.
»Damit«, erklärte der Rabbi, »ist der Fall entschieden: Du zahlst das Ganze.«

Den sehr skeptischen berühmten Pressburger Oberrabbiner Mose Schreiber besuchten einmal etliche schwärmerische Chassidim. Sie lobten ihren Wunderrabbi über alles, und einer erzählte von ihm:
»Er ist wie ein Engel. Wenn er mit uns zusammen speist, berührt er die Gerichte kaum. Und zum Beten zieht er sich ins einsame Stübchen zurück ...«
Darauf Rabbi Schreiber, mißtrauisch: »Wenn einer statt in der Gemeinschaft im Stübchen allein betet, kann er sich dort auch allein sattessen.«

Der jiddische Schriftsteller Lunezki war in einer rein chassidischen Kleinstadt aufgewachsen, haßte den Chassidismus, den er als finster und abergläubisch empfand, und hatte aufklärerische Neigungen.
Sein Vater, Anhänger des chassidischen ortsansässigen Wunderrabbi, beriet sich mit diesem, was gegen die Haskala-Neigungen (Haskala = Aufklärung) seines Sohnes zu tun sei.
Der Rabbi riet: »Du mußt in der Mikwe (rituelles Tauchbad) untertauchen und dabei skandieren: Teufel! Weich von meinem Sohn!«
Als der Vater dem Sohn erfreut das Rezept des Rabbi mitteilte, meinte dieser: »Es wird zweckmäßiger sein, wenn ich selbst untertauche und dabei skandiere: Wahnsinn, weich von meinem Vater!«

Rabbi Itsche Charif von Slonim und Rabbi Jossel Schlupes, sein Schwiegersohn, lösten sich bei den Rabbinataufgaben im Städtchen gegenseitig ab.
Eines Tages fragte der Schwiegersohn nachdenklich: »Wer von uns beiden ist das wirkliche Oberhaupt der Gemeinde?«

»Das kannst du leicht herausbekommen«, meinte der Schwiegervater, »horch bei den Leuten herum – wen sie am meisten beschimpfen, der ist es!«

Der auch in weltlichen Dingen gebildete Oberrabbiner Hirsch Chajes amtierte im galizischen Zółkiew. Eines Tages, im April 1832, erfuhr er aus der Zeitung von Goethes Tod. Die Nachricht erschütterte ihn dermaßen, daß beim Morgengottesdienst den Gemeindemitgliedern seine gedrückte Stimmung auffiel. Sie fragten ihn nach der Ursache des Kummers, worauf er seufzend antwortete, Goethe sei gestorben.
Die frommen Juden von Zółkiew hatten aber von Goethe bisher nie gehört. Rasch verbreitete sich in der Synagoge die Kunde, Rabbi Goethe sei gestorben. Die ganze Gemeinde trauerte mit.

Der berühmte Rabbi Jecheskel Baath erhielt als Rabbiner in Neutra (Ungarn) ein so geringes Gehalt, daß er Schulden machen mußte. Als nun eines Tages in dem winzigen Nest Ivánka die Rabbinatsstelle vakant wurde, bewarb er sich um sie.
Die Bürger von Neutra kamen zu ihm geeilt: »Rabbi, wenn ein berühmter Mann wie Ihr in eine größere Stadt fortziehen will, müssen wir es hinnehmen. Wenn Sie uns aber um Ivánkas wegen verlassen, ist das doch für uns alle eine Schande!«
»Ihr müßt es von meinem Standpunkt aus betrachten«, sagte der Rabbi, »für einen Rabbi von Neutra ist es eine Schande, Schulden zu machen, nicht aber für einen Rabbi von Ivánka.«
Daraufhin wurde sein Gehalt erhöht.

Aus einem unerfindlichen Grund gilt die ungarische Stadt Neutra als Diebesnest.
Nach dem Babylonischen Talmud (Berachot 436) soll der Gelehrte »wegen des Verdachts« nachts nicht allein ausgehen.
An Hoschana Raba, dem dritten Tag des Laubhüttenfestes, hatte die Gemeinde von Neutra, der alten Sitte gemäß, nachts gemeinsam Psalmen rezitiert. Vor Mitternacht erhob sich Rabbi Jecheskel Baath, um nach Hause zu gehen.
Einige Beter standen auf und einer von ihnen sagte: »Rabbi, Ihr wißt ja, was im Talmud steht. Wir wollen Euch begleiten.«
»Laßt nur«, winkte der Rabbi ab, »wenn es auf den Verdacht ankäme, dürfte ich in Neutra auch tagsüber nicht allein ausgehen.«

Rabbi Lazar Fürst, Oberrabbiner von Gyönyös, verfiel auf einer Reise einer schmerzhaften Krankheit. Er mußte die Fahrt unterbrechen.
Der amtierende Kollege der betreffenden Stadt besuchte ihn und fragte, ob er nicht am Ende versäumt hatte, vor der Abreise das Reisegebet mit der gehörigen Andacht zu sprechen.
»Glaubt Ihr etwa«, stöhnte Rabbi Fürst, »daß Gott alle Gebete erhört? Ihr betet doch schon mindestens fünfzig Jahre täglich dreimal, Gott möge Euch Verstand und Einsicht gewähren (im sog. Achtzehngebet). Na und – hat er Euch etwa erhört?«

Eine Gemeinde in Deutschland bat den Oberrabbiner von Leipnik, Rabbi Baruch Fränkel, zugleich Oberhaupt der dortigen Jeschiwa (Talmudhochschule), er möchte ihr seinen besten Jeschiwastudenten für die vakante Rabbinats-

stelle empfehlen, es müsse aber ein Mann sein, der es verstünde, mit Menschen umzugehen.
Der Rabbi wählte einen Schüler aus und sagte zu ihm: »Die vier Teile des Schulchan Aruch (umfassendes Kompendium des Ritualgesetzes) beherrschest du, du wirst aber noch einen fünften Schulchan Aruch dazulernen müssen: mit Menschen umzugehen!«
Nach Jahren traf der Rabbi seinen ehemaligen Schüler. »Nun«, fragte er, »beherrschest du jetzt den fünften Schulchan Aruch?«
»Ich beherrsche inzwischen sogar schon den sechsten Schulchan Aruch«, versicherte der Schüler, »nämlich: mit Unmenschen umzugehen.«

In kultischen und rituellen Zusammenhängen und folglich auch beim Betreten des Friedhofs, bedecken Juden ihr Haupt.

Als der neuernannte, damals schon zweiundneunzig Jahre alte Brünner Professor Feder zum Oberrabbiner für Böhmen und Mähren ernannt wurde, besuchte er den berühmten Prager jüdischen Friedhof. Der Verwalter, Herr Klein, benützte die Gelegenheit, den Rabbi um Rat zu fragen, wie er sich verhalten solle, wenn Besucher – vorwiegend Ausländer und Nichtjuden – ohne Kopfbedeckung den Friedhof betraten, obwohl eine Tafel am Eingang auf diese Notwendigkeit hinwies.
Der Rabbi: »Herr Klein, wissen Sie, warum Gott dem Menschen Augen gegeben hat?«
Klein: »Jawohl, Herr Oberrabbiner, damit der Mensch alles sieht.«
Der Rabbi: »Richtig. Und außerdem auch deswegen, damit der Mensch trotz seiner Augen nicht alles sieht.«

Als der berühmte Rabbi Jecheskiel Landau die Berufung

zum Oberrabbiner in Prag erhielt, stellte er die Bedingung, er wolle nur kommen, wenn er schriftlich und einstimmig von allen Gemeindemitgliedern gewählt würde. Alle unterschrieben – nur ein armer Wasserträger verweigerte die Zustimmung. Alles Zureden half nichts, schweren Herzens mußte man es Landau mitteilen und ihn bitten, doch auf diese eine Stimme zu verzichten und dennoch zu kommen.

Landau trat auch wirklich seinen Posten an, ließ aber den Wasserträger zu sich kommen und fragte ihn: »Was hast du gegen mich?«

»Nichts.«

»Warum dann die Weigerung?«

»Seht, Rabbi – von Euch weiß die ganze Welt. Wer aber hätte je von mir etwas erfahren, wenn ich Euch die Stimme nicht verweigert hätte?«

Frisch an die »westliche« Umwelt assimilierte Juden in Wien gebärdeten sich oft antisemitisch.

Ein bekannter Wiener jüdischer Advokat schimpfte in Gegenwart des berühmten (jüdischen) Predigers Jellinek auf seine Glaubensgenossen.

»Lieber Herr Doktor«, meinte hierauf Jellinek, »Sie begehen den Fehler, alle Juden nach sich selbst zu beurteilen. Ich versichere Ihnen aber: Es gibt auch anständige unter ihnen.«

Der in der jüdischen Anekdote bekannte Schalksnarr Herschl Ostropolier, Diener eines berühmten chassidischen Wunderrabbi, war bitter arm, da er alles vertrank. Dennoch sah er jung und blühend aus.

Einmal fragte ihn der Rabbi: »Sag mir, Herschl, wie kommt es, daß du so jung aussiehst?«

»Das ist ganz einfach«, entgegnete Herschl, »mein böses Weib nimmt mir die Hälfte meiner Jahre.«

Einmal versuchte Herschl vergeblich, den reichen geizigen Reb Salmen um einen kleinen Betrag anzupumpen. Bevor er von ihm wegging, sagte er: »Der Abstand von Eurer Hand bis zu Eurer Rocktasche ist größer als der von hier bis Kiew!«
»Was soll der Unsinn?«
»Aber gewiß! Nach Kiew brauche ich von hier aus einen Tag. Wenn ich aber Euch anpumpe, dann sagt Ihr: Komm in drei Tagen wieder!«

Der berühmte Spaßmacher Motke Chabad bekam einmal von einem kräftigen Bauern eine schallende Ohrfeige. Er war ein schwächlicher Mann und nicht in der Lage, sich mit dem Bauern zu prügeln.
Da gab er ihm einen Rubel und sagte zu ihm: »Ich danke dir, daß du mir geholfen hast, ein religiöses Gebot zu erfüllen. Es ist nämlich bei uns Juden Sitte, daß wir uns an unsern Festtagen gegen Bezahlung ohrfeigen lassen. Der reiche Reb Judel Optatow zahlt sogar 100 Rubel dafür!«
Der Bauer ließ sich das nicht zweimal sagen, drang beim reichen Optatow ein und ohrfeigte ihn. Die kräftigen Diener Optatows verprügelten den Bauern nach Noten und warfen ihn hinaus.
»Nun, wie war's?« fragte ihn Motke Chabad draußen scheinheilig.
Der Bauer rieb sich den Rücken und sagte: »Du hast mich in das Haus eines Juden geschickt, der die religiösen Gebote nicht einhält!«

Salomon Heine, der Vater Heinrich Heines, Musenfeind,

urteilte über die Tätigkeit seines Sohns: »Hätte der Junge was gelernt, so brauchte er nicht zu schreiben Bücher.«
Heinrich Heine seinerseits meinte über seinen Vater: »Das Beste an ihm ist, daß er meinen Namen trägt.«

Baron Rothschild hatte sich in der Rue Lafitte ein neues Palais im Renaissancestil bauen lassen. Er lud Bekannte zur Besichtigung ein, unter ihnen Heinrich Heine.
»Comment trouvez-vous mon chenil?« (Wie finden Sie meine Hundehütte?) fragte der Baron seine Gäste snobistisch.
Heinrich Heine zog ihn beiseite und flüsterte ihm zu: »Sie wissen doch, daß chenil Hundehütte heißt?«
»Na und?« fragte Rothschild zurück.
»Aber Sie bewohnen doch diesen chenil!« flüsterte Heine in beschwörendem Ton, »wenn Sie schon so schlecht von sich selbst denken, sollten Sie es wenigstens verschweigen!«

Heinrich Heines Onkel Salomon Heine war ein reicher Hamburger Bankier. Er unterstützte zwar den Neffen, der ewig an Geldmangel litt, hielt aber rein gar nichts von dessen Tätigkeit.
Einmal besuchte der reiche Onkel auf einer Geschäftsreise nach Paris seinen Neffen, der schon lange dort im Exil lebte.
Nach der Abreise des Onkels erzählte Heine sehr gutgelaunt seinen Freunden:
»Ich bin so vergnügt wegen eines Wortes, das er mir sagte – auf das nur ein Bankier, Jude und zugleich Deutscher kommen kann. Wir plauderten. ›Nun, mein lieber Neffe, du tust immer noch nichts in Paris?‹ – ›Pardon, lieber Onkel, ich schreibe Bücher.‹ – Darauf er: ›Na also, ich sagte es ja: Du tust immer noch nichts‹.«

Heinrich Heine konnte den ebenfalls jüdischen Komponisten Meyerbeer nicht ausstehen. Als man bei einer literarischen Versammlung von Meyerbeer sprach, schwieg Heine beharrlich.
Schließlich fragte ihn einer: »Wissen Sie überhaupt, wer Meyerbeer ist?«
»Aber gewiß«, versicherte Heine, »er ist berühmt durch seinen Ruhm.«

Friedrich der Große war Antisemit, aber als ihm gesagt wurde, der Philosoph Moses Mendelssohn sei ein berühmter Mann, wollte er ihn doch kennenlernen und lud ihn zu einem Gesellschaftsabend ins Schloß. Da Mendelssohn sich in der fremden Umgebung jedoch ziemlich schweigend verhielt, war der König enttäuscht. Und um dem Ausdruck zu geben, schrieb er auf einen Zettel: »Moses Mendelssohn ist ein Esel. Friedrich II.« Und diesen Zettel befahl er dem Philosophen vorzulesen.
Mendelssohn gehorchte. Er las: »Moses Mendelssohn ist *ein* Esel, Friedrich der *zweite.*«

Berlin. Ein Offizier, der genau wußte, wer Moses Mendelssohn war, hielt ihn auf der Straße an und fragte ironisch: »Womit handelt ihr? Ich möchte Euch gern etwas abkaufen!«
»Womit ich handle«, entgegnete Mendelssohn, »könnt Ihr ohnehin nicht brauchen. Ich handle mit Verstand.«

Der Schriftsteller Ludwig Börne, der aus Karrieregründen zum Christentum übergetreten war, meinte:
»Man haßt die Juden nicht, weil sie es verdienen, sondern weil sie verdienen.«

Meier Amschel Rothschild, der Begründer des berühmten Bankhauses, saß in Frankfurt. Einer seiner Söhne, Nathan, gründete eine Filiale in London.
Einmal lehnte ihm die »Bank of England« einen Scheck mit der Unterschrift »Anselm Rothschild, Frankfurt«, mit der Begründung ab, daß sie bloß gegen eigene Papiere und nicht solche einer Privatbank Zahlung leiste.
Kurz darauf erschien an einem Morgen Nathan Rothschild bei der Bank, legte eine Fünf-Pfund-Note vor und verlangte dafür eine Goldmünze. Er bekam sie, worauf er Stück um Stück weitere Fünf-Pfund-Noten ebenfalls in Gold einwechselte.
Als seine Brieftasche leer war, ließ er sich von seinem Diener, den er mitgebracht hatte, ein weiteres Notenbündel reichen und fuhr damit fort, Note um Note gemächlich in Gold einzutauschen. Am Nachmittag erschien er wieder und fuhr mit der gleichen Prozedur in der gleichen Gemächlichkeit fort...
»Wie lange soll das noch andauern?« fragte schließlich der Schalterbeamte besorgt.
»Wochenlang«, versprach Nathan Rothschild, »ich habe noch rund elf Millionen Pfund. Sie haben kein Vertrauen in meine Papiere – ich habe kein Vertrauen in die Ihren. Ich nehme nur noch Gold!«
Der entsetzte Bankdirektor nahm von Stund an die Schecks der Bank Rothschild anstandslos an.

Als eine Tochter des Londoner Bankiers Rothschild einen Lord heiratete und sich zu diesem Zweck taufen ließ, erschien in einer jüdischen Zeitung eine Zeichnung: Links der alte Rothschild mit der Hand auf dem Alten Testament, rechts die hübsche Tochter mit der Hand auf dem

Neuen Testament, in der Mitte der Lord mit der Hand auf einem Testament Rothschilds.

In Hauffs Novelle »Memoiren des Satans« gibt der Teufel eine Theatervorstellung, wobei ein Akt an der Londoner Börse spielt. Der berühmte Bankier Rothschild zieht im Triumph ein (die Szene spielt 1826).
Sagt einer im Publikum zum andern: »Wissen Sie, was der Unterschied ist zwischen König David und Rothschild?«
»?«
»Damals hatten die Juden einen König, jetzt haben die Könige einen Juden.«

Der berühmte Wiener Humorist Moritz Saphir ist von Kaiser Franz Joseph zum Tee eingeladen. Er sitzt schweigsam da.
Franz Joseph: »Wo bleibt Ihr berühmter Esprit?«
»Na, Majestät, trinken *Sie* mal mit einem Kaiser Tee!«

Der reiche Baron Rothschild forderte einst Saphir auf, ihm etwas ins Stammbuch zu schreiben.
Der ewig geldgierige Saphir schrieb: »Leihen Sie mir 100 Louisd'ors und vergessen Sie auf ewig Ihren Freund
Saphir.«

Saphir definierte einmal den Ursprung des jüdischen Witzes wie folgt: »Die Juden haben zum Witz gegriffen, weil das jener Waffendienst ist, bei dem sie es mit der Zeit zum Offizier bringen können, bevor ein Armeebefehl den Taufschein und nicht das Verdienst in Betracht zieht.«

Saphir wird auf der Straße angepöbelt. Er redet den Anführer der Flegel freundlich an: »Entschuldigen Sie, sind Sie nicht der Sohn meines Freundes Rott?«

»Nein.«
»Aber das ist ja ganz erstaunlich! Diese Ähnlichkeit! Ganz Rotts Stirn, ganz Rotts Augen, ganz Rotznase!«

Saphir geht spazieren, als ihm ein paar Studenten nachrufen: »Meck, meck!«
Saphir ruft zurück: »Leck, leck!«
Ein Student, empört: »Verdammter Jud, meinst du mich?«
Darauf Saphir, freundlich lächelnd: »Nein, mich!«

Hirsch: Häufiger jüdischer Vor- und Nachname.

Im Caféhaus warf Saphir die Frage auf: »Wer war der erste Antisemit?«
»Nu?«
»Diana. Denn sie verfolgte den Hirsch.«

Saphir sitzt im Gasthaus. Ein Herr am Nebentisch erkennt ihn, spuckt aus und sagt: »Der Auswurf des Auswurfs!«
Saphir spuckt ebenfalls aus und sagt: »Dem Auswurf den Auswurf!«

Saphir geht an zwei hübschen Wienerinnen vorbei und murmelt: »Die Wienerinnen stinken!«
Die Mädchen stellen ihn entrüstet zur Rede.
Darauf Saphir: »Aber meine Damen, ich habe doch nicht Sie gemeint, sondern nur behauptet, daß die Wiener Rinnen stinken!«

Saphir war zwar sehr reich, stellte sich aber immer arm.
In München machte er sich so unmöglich, daß er ausgewiesen wurde.
Am Tag der Abreise begegnete er zufällig noch einmal dem

König Ludwig I., welcher höhnisch zu ihm sagte: »Nun, Saphir, man hat zu reisen!«
Darauf Saphir, in einem letzten Schnorrversuch: »Majestät, man hat nischt (nämlich: kein Geld) zu reisen!«

Saphir begegnet in München König Ludwig I., den er seines Geizes und seiner unglücklichen Poeterei wegen verachtet. Saphier hat einen neuen Hut auf.
Der König: »Na, Saphir, Sie haben aber einen schönen Hut!«
Saphir: »Filz, Wasserdichter!«

Saphir kommt ins Café, bestellt drei harte Eier, eins davon schält er und ißt das Eiweiß auf. Dann legt er die beiden andern Eier und das Dotter des Dritten auf einen Teller und fragt die Tischgesellschaft: »Was bedeutet das?«
»?«
»Das bedeutet: Ei, ei, da liegt ein Toter (Dotter)!«
Am Tisch sitzt auch Mikosch, hoffnungsvoller Sproß der ungarischen Gentry. Er ist ganz begeistert. Zuhause führt er dasselbe vor und läßt die Familie wacker raten.
Zuletzt erklärt er triumphierend: »Das bedeutet: ›Schau, schau, da ist einer gestorben!‹«

In einer Berliner Zeitung erschien eines Tages über Saphir die irrtümliche Meldung von seinem Ableben.
Bekannte fragten in seinem Hause telegraphisch an, ob denn das wirklich stimme.
Darauf telegraphierte Saphir zurück: »Meldung von meinem Tod ist stark übertrieben. Saphir.«

Dr. Markus Herz, der Gatte der bekannten Berliner Goetheverehrerin Rahel Herz, lehnte es einmal ab, einem

armen jüdischen Studenten aus Wien zu helfen. Diesem gelang es trotzdem, sich irgendwie durch das Studium durchzuschlagen, und er wurde ebenfalls ein bekannter Arzt.
Als er einmal mit Herz zusammen war, erzählte dieser dem Kollegen, in dem er den armen Bittgänger von damals nicht wiedererkannte, von einem interessanten Fall:
»Kürzlich ist ein Kind ohne Herz zur Welt gekommen – und es hat trotzdem noch eine kleine Weile gelebt!«
»Das ist noch gar nichts!« meinte der Wiener, »ich kenne zwei Menschen, die haben jahrelang ohne Herz gelebt.«
»Ausgeschlossen! Wer sollte das sein?«
»Sie und ich.«

Dr. med. Markus Herz hatte auf seine Equipage seine Initialen M. H. aufmalen lassen.
Ein jüdischer Passant meinte witzig: »Das heißt Malach hamowess! (= Todesengel)«
»Unsinn«, korrigierte Herz, »es heißt mechaje hamejssim! (= der die Toten auferweckt)«
Professor Askenazy von der Königsberger Universität war ein angesehener Internist. Von seiner Heilkunst hielt er selber ebenso große Stücke wie seine Patienten, weswegen er ihnen gern folgende Geschichte – ganz ernsthaft! – erzählte:
Das Schlachtendenkmal von Tannenberg in Ostpreußen soll eingeweiht werden. Reichspräsident von Hindenburg wird im Kriegsschiffhafen Pillau an Land gesetzt, schreitet das Ehrenbataillon ab, fährt in großer Paradeuniform viele Kilometer an der spalierstehenden Jugend vorbei, dann durch die von Menschenmassen verstopfte Königsberger Innenstadt. Überall Musik, Fahnen und brausender Volksjubel.

Während der ganzen Zeit sagt der greise Feldmarschall kein Wort. Erst als die Autokolonne in eine etwas stillere Straße eingebogen ist, hebt er den Zeigefinger, deutet auf ein Eckgebäude und beugt sich zu seinem Sitznachbarn, dem Staatssekretär: »Sehen Sie, Meissner – da drüben wohnt der berühmte Askenazy.«

Der bekannte Breslauer Chirurg Professor Johann von Mikulicz-Radecki wurde oft nach auswärts berufen, um an Ort und Stelle zu operieren. Er ließ sich das nicht schlecht bezahlen.

Da kam aus Galizien die Anfrage an ihn, was er für eine Magenoperation, die in Tarnow vorzunehmen sei, fordere.

Er telegraphierte zurück: 6000 Mark.

Umgehend traf die Nachricht ein, er möge kommen.

Er machte sich also mit einem Heilgehilfen und einer Krankenschwester auf den Weg, alles, was er zu so etwas brauchte, bei sich führend.

Auf dem Bahnhof in Tarnow empfing ihn eine Abordnung Juden, welche traurig erklärten, der Patient sei heute morgen gestorben. Sie seien untröstlich, daß der Professor umsonst gekommen sei.

Mikulicz war sehr ärgerlich.

Dann erzählten ihm die Juden, ein anderer Jude hier leide an derselben Krankheit, doch sei er arm und könnte für die Operation höchstens 600 Mark zahlen.

Mit dieser Summe waren die Reisekosten gerade gedeckt. Aus dieser Erwägung operierte Mikulicz.

Erst viel später erfuhr er, daß der Jude, der ihn hatte kommen lassen, gar nicht gestorben, sondern vielmehr identisch war mit dem Operierten. Mikulicz, der viel Sinn für Humor hatte, soll sich über die Art, wie man ihn hereingelegt hatte, sehr amüsiert haben.

Ein russischer Jude kommt nach Breslau, um wegen eines Gesichtsfurunkels den berühmten, aus Altösterreich stammenden Professor Johann Mikulicz-Radecki zu konsultieren. Da er nur Jiddisch kann, nimmt er einen Breslauer Verwandten als Dolmetscher mit.
Mikulicz, der aus Tschernowitz stammt, hat aber in seiner Kindheit einige jiddische Ausdrücke aufgeschnappt, und als der Jude ins Sprechzimmer tritt, fragt ihn der Professor: »Na, was haste for e Schlemasel in Ponem (Gesicht)?«
Der Jude dreht sich zu seinem Verwandten um und sagt: »Jankl, du kannst gehn, der Professor kann Daitsch!«

Sami Blau hat eine Operation an der Aorta hinter sich und befindet sich bereits auf dem Weg der Besserung.
»Na, wie geht es?« fragt ihn der berühmte Chirurg Dr. Hartschmalz, der ihn operiert hat.
»Gott hat geholfen«, sagt Sami fromm.
»Nein, *ich* habe Ihnen geholfen«, entgegnet der Chirurg. »Gott ist ein Internist.«

Die Beschneidung ist ein jüdisches Grundgebot.
Der berühmte und berühmt witzige Ordinarius für Pharmakologie in Graz und spätere Nobelpreisträger Professor Otto Loewi trifft den nichtjüdischen, aber mit einer getauften Jüdin verheirateten Chirurgen M. und fragt ihn nach dem Befinden.
M.: »Mein Bub mußte operiert werden. Nichts Ernsthaftes, eine Phimose (durch zu enge Vorhaut hervorgerufene Entzündung, die durch einen Entspannungsschnitt geheilt wird).«
Loewi: »Sehen Sie! Die Rache Jehovas!«

Der Berliner bekannte Nasenchirurg Dr. Joseph wurde kurzweg Dr. Nosef gerufen.

Ed. Anton Wollheim, der Berliner Dozent für orientalische Sprachen, nannte sich nach seinem Übertritt zum Katholizismus Wollheim de Fonseca.
Theodor Fontane bemerkte dazu einmal: »*Hört* man ihn dozieren, so ist er ganz Fonseca. *Sieht* man ihn dozieren, so ist er ganz Wollheim.«

Als später Wollheim auch Redakteur wurde, sagte man von ihm, er spräche in dreiunddreißig Sprachen und löge in vierunddreißig.

Als Ferdinand Koreff zum Korreferenten im Preußischen Kultusministerium ernannt wurde, nannte man ihn: »Le juif correférent« oder »le juif Koreff errant« (juif errant = ewiger Jude).

Zu Bleichröder, dem sehr reichen, geadelten Hofbankier Wilhelms II., kommt ein ostjüdischer Besucher in seidenem Kaftan. Bleichröder, überzeugt, es mit einem berühmten Rabbi oder Leiter einer Talmudhochschule zu tun zu haben, unterhält sich artig mit seinem Besucher.
Bald aber stellt sich der Irrtum heraus. Der Kaftanjude beginnt über seine Gesundheit zu jammern und schließt seine Klagen mit den Worten ab: »Ich bitte um Ihr Verständnis, die Doktoren haben mir verschrieben Karlsbad ...«
Da unterbricht ihn Bleichröder zornig: »Und Sie wollen mir einreden, daß der Weg von Krakau nach Karlsbad über mein Bureau in Berlin führt!?«

Schottländer, Bankier und Großhändler in Breslau, war durch seine Derbheit und Unbildung berühmt.
Der kleine Sohn Schottländers: »Vater, gib mir eine Mark!

Ich will mer kaufen e Lotterielos!«
Schottländer, stolz: »Nein! Mein Sohn hat es nicht nötig, das Glück zu belästigen!«

Der Berliner Bankier Carl Fürstenberg war bekannt durch seinen boshaften Witz.
Frau Fürstenberg liebte es, literarische Tees zu veranstalten. Einmal las ein berühmter Dichter aus seinen Werken vor.
Ein verspäteter Gast tritt mit schrecklich knarrenden Stiefeln herein.
Fürstenberg, der an der Tür sitzt, flüstert ihm zu: »Leise, leise, sie schlafen schon alle!«

Bekanntlich sagt man den Juden einen ausgesprochenen Familiensinn nach. Bei Fürstenberg sah der so aus:
Zur Gründung seiner Bank wünschte sich Fürstenberg von allen seinen Verwandten Photos. Er klebte sie in ein schön gebundenes Album und rief den Portier herauf.
»Wuttke«, befahl er, »sehen Sie sich diese Bilder sehr genau an!«
»Warum denn, Herr Fürstenberg?«
»Damit Sie genau wissen, wann Sie fliegen!«
»???«
»Ja, wenn Sie nämlich einen aus diesem Album zu mir rauf lassen, fliegen Sie!«

Fürstenberg war bei einem frisch geadelten Bankier zum Diner eingeladen. Nach dem sehr reichlichen Essen sah er sich gezwungen, sich für einen Augenblick an einen »stillen Ort« zurückzuziehen. Er vergaß, den Riegel vorzuschieben. Wer beschreibt seinen Schrecken, als sich plötzlich die Tür öffnet und die Dame des Hauses an der Schwelle steht.

Ein Schrei aus ihrem Mund und die Tür fliegt wieder zu ...
Nachher bittet Fürstenberg den Herrn des Hauses für einen Augenblick auf die Seite und beichtet ihm zerknirscht sein Mißgeschick.
»Lassen Sie sich deshalb keine grauen Haare wachsen!« tröstet dieser.
»Tu ich auch nicht«, versichert Fürstenberg, »mich quält nur eins. Ich bin ein gewöhnlicher Bürgersmann und in der Adelsetikette nicht so bewandert. Sagen Sie bitte: Ist es in Ihren Kreisen üblich, in solchen Fällen einen Gegenbesuch zu machen?«

Am First des Bankhauses Petschnek in Prag, in der Bredauerstraße, stand mit Riesenlettern: A.D. (anno domini) 1923.
Ein witziger jüdischer Banksensal übersetzte: »A – us D – evisen 1923.«
Petschek hatte nämlich in jenem Jahr mit Zuckerspekulationen an der Londoner Börse Riesensummen verdient.

Die Romane und Theaterstücke des ostpreußischen Schriftstellers Hermann Sudermann waren seinerzeit beim Publikum sehr beliebt, die Kritiker jedoch waren geteilter Meinung.
Die Theaterkritiker Julius Bab und Alfred Kerr unterhielten sich nach einer Berliner Premiere über ein Stück von Sudermann. Hart prallten die Meinungen aufeinander.
Schließlich winkte Kerr müde ab und machte den Vorschlag zur Güte: »Fragen wir Hermann Sudermann selber um seine Meinung ... und dann teilen wir uns in das Gegenteil!«

Adolf von Sonnenthal, der geadelte Wiener jüdische Schau-

spieler, steht als Richard III. im Schlußakt auf der Bühne und ruft verzweifelt aus: »Ein Pferd, ein Pferd, ein Königreich für ein Pferd!«
Stimme von der Galerie: »Tut's für einen Juden nicht auch ein Esel?«
Drauf Sonnenthal: »Sicher! Kommen Sie herunter!«

Als der bekannte Humorist Max Pallenberg nach geraumer Zeit wieder einmal an einem Wiener Theater auftrat, begrüßte ihn das Publikum mit riesigem Applaus. Er verbeugte sich dankend und sagte:
»Ich bin ja auch ein Wiener!«
Da ertönte aus dem Hintergrund: »Ja, aber ä Bukowiner!«

Leopold Jessner, in den Zwanziger Jahren Generalintendant der Berliner Bühnen, überzeugter Jude und gerade in diesem Punkt sehr empfindlich, bekam eben deshalb den Übernamen: Mimoses.

Der Theaterdirektor Ludwig Brahm pokert im Club.
Plötzlich setzt sich ein Freund neben ihn und flüstert ihm ins Ohr: »Es tut mir leid, es dir sagen zu müssen. Aber ich sah soeben deine Frau mit einem jungen Mann in einem Taxi zur Bahn fahren. Sie ist dir bestimmt davongegangen!«
»Zu schön, um wahr zu sein!« entgegnet Brahm und pokert ruhig weiter.

Brahm begleitete seine Gäste zum Fahrstuhl.
»Das war wieder mal sehr nett und gemütlich bei Ihnen«, sagt einer, »Sie sind wirklich ein reizender, aber auch schlagfertiger Mann!«

Darauf Brahm, seufzend: »Welcher Jud über Sechzig ist nicht jeden Augenblick schlagfertig!«

Der bekannte ungarisch-jüdische Schriftsteller Ferenz Molnar, Verfasser des weltberühmten Stückes »Liliom«, hatte die Gewohnheit, bis Mittag im Bett zu liegen.
Einmal war er morgens neun Uhr als Zeuge vor Gericht geladen. Sein Anwalt weckte ihn mit Mühe und begleitete ihn zum Gericht.
Auf der Straße sieht Molnar die vielen Menschen und fragt den Anwalt: »Sagen Sie, Herr Doktor, sind das alles Zeugen?«

Franz Molnar hatte seit vielen Jahren ein Verhältnis mit der Schauspielerin Sari Fedak. Endlich entschließt er sich, sie zu heiraten.
Beim Standesamt erscheint er im gewöhnlichen Tagesanzug. Seine Freunde machen ihm deshalb Vorwürfe.
Darauf Molnar: »Smoking trage ich nur zu einer Premiere.«

Der Wiener Bohèmien und Dichter Peter Altenberg trat im Café, in dem er Stammgast war, auf einen Bekannten zu und erklärte: »Ich brauche zwei Kronen für ein Reisfleisch.«
Der Angepumpte spendete den Gulden, worauf Altenberg sich neben ihn setzte und das Reisfleisch bestellte. Als der Dichter gegessen und bezahlt hatte, warf ihm sein Bekannter vor: »Wieso verlangen Sie von mir einen Gulden? Dem Ober haben Sie nur eine Krone und zwanzig Heller bezahlt!«
»Herr«, fuhr Altenberg auf, »haben Sie hier Extrapreise oder ich?«

Fromme Juden tragen einen Bart.
Von einem Jerusalemer Juden, der sich nach außen hin sehr orthodox gab, sagte der Dichter Bialik: »Er hat einen langen Bart. Aber unter seinem Bart ist er ganz glattrasiert.«

Erfolgreiche Premiere eines Stückes von Werfel.
Erster Kritiker zum zweiten: »Was sagen Sie?«
»Alea iacta est.« (Der Würfel ist gefallen. – Ausspruch Cäsars beim Überschreiten des Rubico.)
»Was soll das heißen?«
»Der Werfel hat gefallen.«

Wiener Publizist, zugleich Philatelist, zu Karl Kraus: »Guten Tag, Herr Kollege!«
Kraus: »Tut mir leid! Ich sammle keine Briefmarken!«

Der bekannte Wiener Bonvivant Bela Haas sitzt über seinem Kaffee und meditiert: »Kaffee ist keiner drin, Zichorie ist auch nicht drin – von was ist er so schwarz?«

Der Prager Schriftsteller und Drehbuchautor Karel Poláček kommt einmal in sein Stammcafé »Zum Karl IV.« und sieht, daß jedes Tischchen mit einem eifrig schreibenden Herrn besetzt ist.
Einer der Herren schiebt Karl einen noch freien Stuhl hin und fragt zugleich: »Was ist los, Poláček, daß Sie so wenige Bücher schreiben? Vergleichen Sie doch einmal mit uns!«
Darauf Karel, trocken: »Euch schreibt sich's gut! Ihr habt kein Talent!«

Chefredakteur Hlavac von der »Tribuna« hielt sich für einen vollendeten Experten für jüdische Witze. Sooft Pola-

ček ihm einen neuen Witz erzählen wollte, schrie Hlavac schon nach drei Worten: »Den kenn ich schon!«
Einmal aber sagte Polaček: »Diesen Witz kennen Sie sicher noch nicht. Also passen Sie auf: Drei Juden gehn durch den finstern Wald...«
»Schluß!« schreit Hlavac, »das ist kein jüdischer Witz! Erstens gehen Juden nie durch den finstern Wald, zweitens sind es niemals drei, sondern immer nur zwei Juden, und drittens überhaupt nicht im Wald, sondern immer im Zug oder Café!«

Karel Polaček schrieb unter anderm das Drehbuch zu dem Film »Pan Necedarec, kral kibicu«, die Regie führte Machatny (von dem auch »Ekstase« mit Dorothy Lamour stammt). Die beiden verstanden sich gut. Der Film startete gleichzeitig in Prag und Brünn.
Machatny telephonisch nach der Premiere zu Polaček: »Ich habe die Freude, Ihnen mitzuteilen, daß Ihr Film hier in Brünn ein großer Erfolg war!«
Darauf Polaček: »Danke. Aber ich muß Ihnen umgekehrt mitteilen, daß Ihr Film hier in Prag durchgefallen ist.«

Walther Rathenau zeigt in seiner elterlichen Wohnung in der Victoriastraße in Berlin einem Besucher sein in Lebensgröße von Evard Munch gemaltes Bild.
»Ein ekelhafter Kerl, nicht wahr?« sagt Rathenau, »das kommt davon, wenn man sich von einem großen Künstler malen läßt. Da wird man ähnlicher als man ist.«

Walter Rathenau führt bei seinem Vetter, dem berühmten impressionistischen Maler Max Liebermann, einen Offizier ein und stellt ihn mit seinem Titel vor.
Als der Offizier hierauf die Bitte ausspricht, Liebermanns

Bilder besichtigen zu dürfen, antwortet Liebermann: »Nanu, det interessiert Sie? Aber Sie haben doch 'nen janz anständigen Beruf!«

Bei einer Gesellschaft verzog sich Max Liebermann in ein menschenleeres Zimmer. Mittlerweile war auch der Pianist und Komponist Eugen d'Albert mit seiner vierten Frau (er heiratete später noch weitere drei Mal!) gekommen.
Der Hausherr stöberte Liebermann in seiner Ecke auf und fragte ihn: »Wollen Sie nicht die junge Frau von Eugen d'Albert kennenlernen?«
Darauf Liebermann: »Nee, die überspring ick mal!«

Liebermann hatte einen reichen Juden gemalt. Der aber hatte allerlei an dem Bild auszusetzen.
»Noch ein Wort«, drohte Liebermann, »und ich mal Sie genau so wie Sie sind!«

Nach der Machtergreifung Hitlers mußte dem sonst durch seine Schlagfertigkeit berühmten Berliner impressionistischen Maler Max Liebermann mitgeteilt werden, daß er nicht länger der Präsident der »Preußischen Akademie der Bildenden Künste« sein könne. Einem Beamten fiel die peinliche Aufgabe zu, den Maler womöglich zur »freiwilligen« Abdankung zu bewegen. Er suchte Liebermann auf und begann davon zu sprechen, daß die Zeiten sich geändert hätten.
Liebermann schwieg.
Außerdem – meinte der Beamte – brauche die neue Zeit neue Menschen.
Liebermann schwieg.
Und auch in der Akademie seien gewisse Veränderungen unvermeidlich.

Liebermann schwieg.
Dem Beamten wurde die Sache immer peinlicher, er begann zu stottern und verstummte schließlich ganz. Die beiden saßen sich schweigend gegenüber.
Nach einer Weile schaute Liebermann auf und sagte: »So – jetzt haben Sie sich lange genug geschämt. Jetzt können Sie gehn.«

Der Dirigent und Komponist Max Reger und der bekannte und gefürchtete Musikkritiker der Neuen Freien Presse in Wien, Dr. Julius Korngold, konnten sich nicht leiden.
Einmal dirigierte Max Reger in Wien ein Konzert, das auch seine eigenen Werke umfaßte. Gleich nach dem Konzert mußte er abreisen. Die vernichtende Kritik Korngolds wurde ihm nachgeschickt.
Einige Tage darauf erhielt Korngold aus Düsseldorf eine offene Postkarte: »Sehr geehrter Herr Korngold! Ich sitze im kleinsten Raum meines Hauses. Noch habe ich Ihre Kritik vor mir, bald werde ich sie hinter mir haben. Ergebenst Ihr Max Reger.

Vater Korngold, Musikrezensent bei der Neuen Freien Presse, Wien, überquert mit seinem fetten Sohn Wolfgang, dem Komponisten, bei der Oper die Kärntnerstraße und stößt auf den bekannten Publizisten Egon Friedell.
Friedell, leutselig zum Pfeife rauchenden alten Korngold: »Na, Alter, pfeift das Schmöckchen?«

Als der bekannte Wiener Hofopern-Kapellmeister Esser, ein auffallend magerer Mann, starb, dichtete der Wiener Waldhornist Richard Lewy für ihn die Grabinschrift:

Hier ruht Esser,
Die Würmer, diese Fresser,
Speisen anderwärts besser.

In Osteuropa benützt man den Ausdruck »Komödiant« für jeden künstlerischen Beruf, auch heute noch nennt man alle Künstler in Rußland »Artista«.

Der Vater des berühmten Komponisten und Dirigenten Gustav Mahler, Kaufmann in Iglau, wurde nach den ersten glänzenden Erfolgen seines Sohnes allseits beglückwünscht. Man prophezeite dem Sohn eine glänzende Zukunft.
Der Vater antwortete: »Ich dank Ihnen sehr schön, aber Freud hab ich keine darüber, weil Gustl will werden e Komödiant.«

Gustav Mahler dirigierte eine Zeitlang das berühmte Berliner Philharmonische Orchester. In der heraufbrechenden Nazistimmung wurde er aber seines prononciert jüdischen Aussehens wegen so oft angepöbelt, daß er schließlich die Stellung aufgab und nach Wien zog.
Verehrer schrieben ihm aus Berlin: »Kommen Sie zurück! Die Atmosphäre hat sich gewandelt!«
Mahler schrieb zurück: »Die Atmosphäre hat sich vielleicht gewandelt, aber meine Nase ist noch dieselbe geblieben.«

Sigmund Freud über Gustav Mahler: »Dieser Mann ist psychisch verklemmt.«
Ein Freund von Freud fragt: »Könnten Sie ihn nicht psychoanalytisch behandeln?«
»Doch«, meint Freud, »aber ich fürchte, dann kann der Mann nicht mehr komponieren.«

Der Dirigent Hans von Bülow war ungemein eitel. Einmal schrieb er ins Gästebuch eines Musikmäzens:
Les noms de tous les grands compositeurs commancent avec B: Bach, Beethoven, Brahms, Berlioz, Bülow – tous les autres sont crétiens.

Kurz darauf war der Komponist und Musikkritiker Moritz Moszkowski dort eingeladen und schrieb darunter:
Les noms de tous les grands compositeurs commancent avec M: Mendelssohn, Meyerbeer, Mahler, Moszkowski – tous les autres sont chrétiens.

Der Geiger Jascha Heifetz eroberte schon als Knabe das New Yorker Publikum.
Bei einem seiner Konzerte saßen in der Carnegie-Hall in einer Loge der bereits berühmte Geiger Mischa Elman und der Pianist Leopold Godowski.
Als der Beifall sich gar nicht legen wollte, sagte Elman: »Es ist furchtbar heiß hier.«
»Ja«, bestätigte Godowski, »aber nur für Geiger.

Nach dem Konzert Mischa Elmans kommt ein kleiner Junge auf ihn zu und bittet um ein Autogramm. Er bekommt es und bittet um ein zweites. Elman unterschreibt geduldig ein zweites Mal.
Der Junge hält Elman ein drittes Stück Papier unter die Nase.
Nun wird Elman ein wenig ungeduldig: »Genügen dir nicht zwei Autogramme von mir?«
»Nein«, sagt der Junge, »ich muß noch eins haben. Mein Kamerad hat mir für drei Elmans einen Heifetz (ebenfalls berühmter Geiger) versprochen.«

In Karlsbad gab es das berühmte Hotel und Gartencafé, benannt nach dem jüdischen Besitzer Pupp.
Zwei jüdische Kurgäste bewundern das große Hotel mit den vielen Gästen, die dort im Garten dem Konzert lauschen. Dann kommen sie in einer Anlage zum Goethedenkmal.

»Wer soll das wohl sein?« fragt der eine.
Darauf der andere: »Wer werd's sein? Der alte Pupp!«

Leon Blum, französischer Ministerpräsident, Sozialist, Jude, hat in Frankreich kürzere Arbeitszeiten eingeführt.

Paris. Bauarbeiter Itzik kommt Dienstag früh zur Arbeitsstelle – aber statt anzufangen, setzt er sich einfach hin.
»Was ist los?« fragt der Polier.
»Ich warte auf den vierten Juden«, erklärt Itzik.
»Was soll das heißen?«
»Nun: Den ersten freien Wochentag, den Sabbat, hat Moses gegeben; den zweiten, den Sonntag, Jesus; den dritten, den Montag, Leon Blum... Und nun warte ich auf den vierten Juden, der den Dienstag freigibt.«

Der berühmte Generaloberst von Linsingen, im Ersten Weltkrieg Kommandeur einer Heeresgruppe an der Ostfront, hatte eine jüdische Großmutter. 1933 schrieb er an den »Jüdischen Frontkämpferbund«:
»Nachdem ich neuerdings zum Juden ernannt worden bin, bitte ich um Aufnahme in Ihren Bund.«

Theodor Düsterberg, 1932 Kandidat des Stahlhelms und der Deutschnationalen bei der Reichspräsidentenwahl, wurde 1933 von den Nazis als Jude »entlarvt«.
Um jene Zeit traten immer mehr Juden aus der jüdischen Gemeinde aus.

Von Bredow, die Zeitung lesend: »Wenn ich bloß einen Verein wüßte, in dem garantiert keine Juden drin sind!
Verein für christlich-jüdische Freundschaft? Das sind die Philosemiten, natürlich lauter Juden.
Deutschnationale Volkspartei? Das sind die Antisemiten. Auch lauter Juden...
Am wenigsten scheinen noch in der Kille (jüdische Gemeinde) zu sein.«

Hitlerzeit

In Pyritz an der Knatter, Mecklenburg, traf am 30. Januar 1933 vom Propagandaministerium Berlin ein Telegramm ein mit dem Befehl, am Judenboykott teilzunehmen.
Aus Pyritz traf die Antwort ein: »Sofort Juden herschikken, sonst Boykott unmöglich.«

Deutschland 1933.
Lifschitz: »Weißt du, Kohn, ich bin wirklich böse auf Moses!«
»Warum ausgerechnet auf Moses?«
»Hätte er uns nicht aus Ägypten hinausgeführt, dann hätten wir heute noch ägyptische Pässe.«

Deutschland 1933. Vier Juden sitzen im Café.
»Oj!« seufzt der erste.
»Ach!« stöhnt der zweite.
»Aeh!« macht der dritte.
Darauf der vierte: »Wenn Ihr nicht sofort aufhört, von Politik zu reden, steh ich auf und geh hinaus!«

Nazideutschland. »Weißt du, wer in Hitlerdeutschland die geschätzteste Frau ist?«
»Die arische Großmutter.«
»Falsch. Die jüdische Großmutter. Sie bringt Geld und Verstand in die Familie und gefährdet niemanden, denn Viertelsjuden gelten als Arier.«

1933. Die Judenverfolgungen in Deutschland haben bereits eingesetzt, die Juden können sich aber einstweilen noch frei bewegen.

Ein Nazi geht mit der Sammelbüchse im vollen Restaurant herum. Das Resultat ist spärlich. Er hält die Büchse einem Gast aufdringlich unter die Nase. Dieser weigert sich.
»Ich bin Jude«, erklärt er.
Der Nazi, verwundert: »Die Juden werden doch weiß Gott genügend verfolgt – und dennoch behauptet jeder offen, daß er Jude ist!«

Ein Jude hat sich zu einer Hitlerrede eingeschlichen. Plötzlich lacht er lustig auf.
Als die Rede zuende ist, wird er von ein paar SA-Leuten vor den Führer gebracht, der ihn entrüstet fragt: »Wie konntest du wagen zu lachen?«
Der Jude: »Ich habe an etwas Lustiges gedacht. Es gab einen Pharao, der uns versklaven und ausrotten wollte – zur Erinnerung an jene Zeit feiern wir das heitere Pessachfest.
Dann gab es den persischen Minister Haman, der uns alle mit einem Schlag ausrotten wollte – ihm verdanken wir das fidele Purimfest...
Sie, Herr Hitler, sind bis zum heutigen Tag unser größter Feind – und nun bin ich gespannt auf das Fest nach Ihrem Tode!«

Nazideutschland. Das Flugzeug Berlin–Hamburg stürzt ab. Fleckeles als einziger Überlebender klettert aus den Trümmern.
»Schrecklich!« sagt er erschüttert. »Die Luft fängt an so unsicher zu sein wie die Straße!«

Nazideutschland. Katz kommt schwer bandagiert aus dem Gestapogebäude heraus.
Ein Passant bleibt erschrocken stehen: »Was in aller Welt ist mit Ihnen geschehn?«

Katz: »Nichts. Ich bin nur ein Märchen der Greuelpropaganda.«

Sichrono (weiblich sichrona) le 'olam: Möge sein (ihr) Andenken ewig währen! Feste Formel, wenn man von geachteten Verstorbenen spricht.

Ein Brief aus Nazideutschland, der die Zensur anstandslos passierte:
Lieber Vetter Schloime,
es geht uns glänzend. Alles, was die amerikanischen Zeitungen über die Mißhandlungen von Juden schreiben, ist reine Greuelpropaganda. Wir möchten nirgends anderswo leben – außer vielleicht bei Tante Sara – sichrona le'olam!

Nazizeit. Brief aus Deutschland nach Amerika:
Lieber Jossel,
es geht uns glänzend. Alles, was eure Zeitungen über die Mißhandlung der Juden schreiben, ist gelogen!
P. S. Wir kommen eben von der Beerdigung von Jankew Katz, der das Gegenteil behauptet hat.

Hitler, verkleidet wie Harun al Raschid, sitzt in einem Kino in Berlin. Die Wochenschau präsentiert eine Hitlerrede. Alles steht auf und hebt die Hand zum Hitlergruß. Nur Hitler selbst bleibt erschüttert sitzen.
Neben ihm sitzt ein Jude. Er klopft Hitler sacht auf die Schulter und sagt: »Schaun Sie, wir sind ja alle Ihrer Meinung. Aber Sie dürfen es nicht so offen zeigen!«

Die vier prominentesten Nazibonzen gingen anonym ins Café und wurden tatsächlich nicht erkannt. Denn Göring kam in einem simplen Tagesanzug, Goebbels öffnete kein einziges Mal den Mund, Schacht zahlte die Rechnung und Hitler kam mit einem Judenmädchen.

Nazideutschland. Der Einmarsch der deutschen Armeen in Polen hat noch nicht stattgefunden, der Erfolg ist noch unsicher.
Göring: »Sollte alles schiefgehen, dann setze ich mich in mein privates Flugzeug und fliehe nach Italien.«
Goeebbels: »Ich fahre nach Warschau und tauche als polnischer Jude unter.«
Hitler: »Ich berufe mich darauf, daß ich Ausländer bin und fordere die Immunität des Ausländers.«

Nazizeit. Der deutsche Finanzminister Hjalmar Schacht will in London eine Anleihe für Deutschland aufnehmen und versichert: »Das Geld ist euch sicher! Wir haben ausreichend Goldreserven unter der Erde und unsern unvergleichlichen Hitler über der Erde!«
Da flüstert der Großbankier Baron Rothschild seinem Kollegen zu: »Wenn es umgekehrt wäre, hätte ich mehr Vertrauen!«

Bei der Besichtigung der Kieler Flotte fällt Hitler ins Wasser. Ein Matrose zieht ihn heraus.
Darauf Hitler: »Ich will mich erkenntlich zeigen. Wie ist Ihr Name?«
»Itzig Levy.«
»Dennoch! Welchen Wunsch kann ich Ihnen erfüllen?«
»Nur einen: Erzählen Sie niemand, was ich getan habe!«

1938, als noch immer nicht alle Juden in Deutschland begriffen, wie gefährlich die Lage für sie war, kam ein jüdischer Vertreter ausländischer Arzneimittel zu einem deutschen Arzt.
»Haben Sie denn gar keine Angst vor den Nazis?« fragte der Arzt.

»Warum?« meinte der Vertreter, »san wir gekommen durch das Rote Meer, wern mer auch kommen durch den braunen Dreck.«

Die Emigranten sind alle Mexikaner (»es mag sie kaner«).
Andere wieder meinen, sie seien alle Holländer (»Van drieben«).

Nach seinem Besuch in Nazideutschland erklärt Professor Kohn in New York, wie es kommt, daß die bisher so sympathischen Deutschen sich so gewandelt haben:
»Gott hat den Deutschen drei Qualitäten zur Auswahl gestellt, von denen sie sich zwei aussuchen dürfen: Anstand, Intelligenz und Nazitum.
Wenn einer Intelligenz und Nazitum wählt, kann er nicht anständig sein.
Wählt er Anstand und Nazitum – dann fehlt ihm Intelligenz.
Und entscheidet er sich für Nazitum und Intelligenz – dann hat er keinen Anstand.«

Ein Jude kommt in die Hölle. Er will die neue Umgebung ein wenig kennenlernen und sieht sich um. In der Ecke steht ein Schreibtisch, schön kühl und bequem. Da sitzt Hitler und arbeitet.
Der Jude macht große Augen und fragt entsetzt: »Das soll die Hölle sein?!«
»Laß nur gut sein«, beruhigt ihn ein anderer Jude. »Er hat ›Mein Kampf‹ ins Hebräische zu übersetzen.«

Ein Witz, der zur Hitlerzeit in Deutschland unter Nichtjuden zirkulierte:

Der alte Levy ist gestorben und trifft auf dem Weg zum Himmel Hitler, Göring und Goebbels auf ihrem Weg zur Hölle. Sie flehen ihn an, bei Petrus ein gutes Wort für sie einzulegen. Nach einigem Zögern nimmt er von der Schulter seinen Sack, öffnet ihn und befiehlt ihnen, einzusteigen.
Petrus kennt den armen alten Hausierer Levy gut, und ohne Schwierigkeiten läßt er ihn ein. Aber kaum ist Levy ein Stück gegangen, als Petrus sich umdreht und den Sack auf seinem Rücken bemerkt: »Hallo, was hast du denn da drin?«
Darauf Levy: »Da? Oh, nur ein paar alte Lumpen.«

Hitler hat seine Höllenstrafe absolviert und darf in den Himmel einziehen. Als erstes erbittet er sich von Petrus einen Erdurlaub von sechs Wochen. Der liebe Gott ist gnädig aufgelegt und gewährt ihm die Bitte.
Aber nach drei Tagen ist Hitler schon wieder da. »Nanu«, fragt Petrus, »was ist denn los? Ich dachte, man hat Sie mit offenen Armen unten aufgenommen?!«
»Ach«, klagt Hitler traurig, »daran hätte es nicht gefehlt. Aber ich finde mich unten überhaupt nicht mehr zurecht. Die Juden kämpfen in Israel an drei Fronten wie die Teufel, und die Deutschen machen nichts wie Geschäfte ...«

Marxens Paradies

Moskau 1930. Große Wohnungsknappheit. Eine Abordnung der Wohnungskommission geht von Haus zu Haus, um festzustellen, wo man evtl. noch etwas freien Wohnraum auftreiben könnte.

Die Herren klingeln im Parterre. Heraus tritt die Hausfrau.

»Sagen Sie, Frau Wassiljewa, wie groß ist Ihre Wohnung? Drei Zimmer? Und wieviel Personen sind Sie? Wie, nur Sie, Ihr Mann und Ihr Kind? Sie müssen sofort die Wohnung verlassen! Wir werden Ihnen eine Zweizimmerwohnung zuweisen!«

Frau Wassiljewa, empört: »Was fällt Ihnen ein! Mein Mann ist Kaderleiter in der Textilfabrik ›Befreiung‹! Ich werde mich sofort bei ihm beschweren!«

Die Herren, erschrocken: »Verzeihen Sie tausend Mal die Störung, Genossin Wassiljewa! Auf Wiedersehen!«

Die Herren wandern von Stockwerk zu Stockwerk – überall ergeht es ihnen ähnlich.

Zuletzt klettern Sie in den Dachstock hinauf. Sie klingeln. Heraus tritt der alte Kohn.

»Wieviel Zimmer haben Sie? Eineinhalb? Und wieviel Personen wohnen hier? Wie, nur Sie allein?! Das ist ganz unmöglich! Sie ziehen innerhalb einer Woche aus! Wir weisen Sie in eine Einzimmerwohnung ein!«

Kohn, außer sich: »Was fällt Ihnen ein! Wissen Sie denn überhaupt, wer ich bin? Ich bin Regierungsverantwortlicher! Scheren Sie sich auf der Stelle fort von hier!«

»Entschuldigen Sie tausendmal, Genosse Kohn!« bitten die Herren tief erschrocken und verlassen das Haus ...

Ganz deprimiert schreiten sie dahin. Plötzlich bleibt einer

von ihnen stehen und sagt nachdenklich: »Der Kohn ist Regierungsverantwortlicher? Gibt es so etwas überhaupt? Kehren wir doch noch einmal um und fragen wir ihn!«
Sie klettern wieder ins Dachgeschoß hinauf und fragen.
Kohn: »Was wollen Sie schon wieder von mir? Wieso ich Regierungsverantwortlicher bin? Na, das ist doch wohl ganz klar! Wenn die jetzige Regierung gestürzt wird – wer wird dann für ihre Fehler verantwortlich gemacht? Natürlich der alte Jude Kohn!«

Sowjetunion. An der Parteispitze hat es wieder einmal scharfe ideologische Auseinandersetzungen und als Folge davon Umbesetzungen gegeben. Jankel kommt tief nachdenklich zum Rebben.
»Rebbe«, fragt er, »was ist der Unterschied zwischen dialektischem und historischem Materialismus?«
Darauf der Rebbe: »Kein Unterschied. Verlaß das Land!«

Sowjetunion. Zehn Jahre nach Ausbruch der Revolution wird Moische vor ein Amt zitiert.
»Wie alt sind Sie?« fragt der Beamte.
»Vierzig«, erklärt Moische.
»Sie sehen aber älter aus!« wundert sich der Beamte, »wann sind Sie denn geboren?«
»1877.«
Der Beamte wundert sich noch mehr: »Dann sind Sie doch fünfzig und nicht vierzig!«
Moische winkt resigniert ab: »Sagen Sie selbst: Kann ich denn die letzten zehn Jahre wirklich als Teil meines Lebens betrachten?«

Sowjetunion. Srulke möchte gern in die Partei aufgenommen werden, sein Antrag wurde genehmigt, jetzt muß er noch eine strenge mündliche Prüfung bestehen.

»Es wird schon gut werden!« trösten die Freunde, »wir warten vor der Tür auf dich, um gleich zu hören, wie es gegangen ist!«
Mit Herzklopfen tritt Srulke vor das Komitee.
»Was halten Sie von Gott?« fragt einer der Examinatoren streng.
Srulke winkt verächtlich ab: »Eine miese bourgeoise Erfindung, um das Volk niederzuhalten!«
»Gut«, sagt der Examinator, »und was halten Sie von Kirchen und Synagogen?«
»Horte der Finsternis und Reaktion!« entgegnet Srulke streng, »man muß sie enteignen und in Klubhäuser umwandeln...«
Es kommen noch einige ähnliche Fragen, aber endlich ist die Prüfung zuende.
Srulke tritt heraus. Die Freunde umdrängen ihn.
»Nu – wie war's?«
Srulke, strahlend: »Mit Gottes Hilfe habe ich bestanden!«

Beschneidung der Knaben eine Woche nach der Geburt: Jüdisches religiöses Grundgebot. – Goj: Nichtjude, Christ, Bauer.

Sowjetunion. Schlojme ist der Partei beigetreten. Nun hat er tiefe Sorgen. Sein Weib erwartet ein Kind. Er debattiert mit ihr die Probleme, die sich ergeben werden, falls das Kind ein Sohn wird. Soll er ihn unbeschnitten lassen wie einen »goischen Iwan«? Das ist doch ganz unmöglich! Anderseits: Wie sieht das aus – ein beschnittener Sohn eines Parteimitglieds und überzeugten Kommunisten, der nicht an Gott glaubt!
»Nun«, meint Jankel schließlich resigniert, »laß uns abwarten! Vielleicht hilft Gott...«
Endlich ist das Kind da.

»Siehst du«, sagt Jankel freudig zu seinem Weib, »Gott hat wirklich geholfen! Unser Kind ist ein Mädchen!«

Volksdemokratie Polen. Irving, einst Itzik, kommt aus den U.S.A. in seine alte Gemeinde und besucht Miecio, einst Moische.
»Nu, wie gehts?«
»Früher gings schlecht. Heute gehts gut. Aber...«
»Nu?«
»Es mecht gehn besser, wenn es tät wieder gehn ein klein bissele schlechter...«

Polen 1970. Praktisch sind zu diesem Zeitpunkt bereits alle Juden im sehr antisemitischen, kommunistischen Polen aus ihren Stellungen entlassen und direkt oder indirekt zur Auswanderung gezwungen worden.
Zwei Juden begegnen sich auf der Straße in Warschau. Fragt der eine den andern: »Wie gehts dir?«
»Gut.«
»Wieso gut? Bist du nicht auch entlassen worden.«
»Doch.«
»Wovon lebst du dann?«
»Von Erpressung.«
»Erpressung? Ja, wen erpressest du denn?«
»Nu, sehr einfach. Den Goi (Nichtjuden), der mich in der Okkupationszeit vor den Nazis versteckt hat.«

Am Himmelstor verhört der Heilige Petrus den alten Jakubowitsch:
»Wo sind Sie geboren?«
»In Österreich-Ungarn.«
»Wo haben Sie gelebt?«
»In Ungarn.«

»Wo haben Sie geheiratet?«
»In der Tschechoslowakei.«
»Wo sind Sie gestorben?«
»In Rußland.«
»Solche Vagabunden nehmen wir nicht.«
»Aber Heiliger Petrus, ich schwöre Ihnen, daß ich mein Lebtag nicht aus Munkacz herausgekommen bin!«

Sozialistisches Prag.
Salkowski: »Herzberg, hör zu! Du bist doch in der Partei. Ich möchte auch hinein und muß mich zur Prüfung vor der Parteikommission stellen. Kannst du mir ein bißchen was beibringen, damit ich mich nicht blamier'?«
»Gut. Fangen wir an. Du weißt doch, wer den Sozialismus erfunden hat?«
»Nein.«
»Das weißt du nicht? Das war doch der Doktor Marx!«
»Ein Doktor?! Warum hat er nicht zuerst ausprobiert an Hunden?!«

Bei Dukla gab es im Ersten Weltkrieg eine Schlacht der Tschechischen Legionäre.

Kohn und Robitschek gehen ins Gespräch vertieft in Prag bei rotem Licht über die Straße.
Der Verkehrspolizist stellt die beiden: »Meine Herren, wissen Sie nicht, daß Sie bei Rot nicht über die Straße dürfen? Sie müssen eine Buße zahlen!«
Robitschek: »Genosse, gilt das auch für die Helden von Dukla?«
Der Polizist, verlegen und versöhnlich: »Nun gut. Aber diese Vorschrift liegt ja auch in Ihrem Interesse. Passen Sie das nächste Mal doch lieber auf!«
Auf der anderen Seite der Straße fragt Kohn den Robit-

schek verwundert: »Was erzählst du denn da? Seit wann sind wir Helden von Dukla?!«
»Na schön, sind wir nicht – aber fragen wird man doch dürfen!«

Die Salve der Kreuzers »Aurora« in der Bucht von Petersburg wird in den Lesebüchern kommunistischer Länder als Auftakt zur kommunistischen Oktoberrevolution geschildert.

Sozialistisches Prag. Trifft Herr Kohn Herrn Abeles. Abeles schimpft auf die allgemeinen Verhältnisse, auf Schlampereien im Handel und auf den Ämtern, auf die Bürokraten, die hohen Preise, die Steuern ...
Nach einer Weile wird es Herrn Kohn zuviel und er sagt ungeduldig: »Was erzählen Sie mir das alles, Herr Abeles, habe vielleicht *ich* von der Aurora geschossen?«

Herr Kohn kommt 1960 im sozialistischen Prag aufs Ministerium und will die Genehmigung zum Auswandern.
»Aber warum?« fragt der Beamte.
»Ich habe zwei Gründe«, sagt Herr Kohn.
»Welche, ich bitte Sie?«
»Der erste: Man sagt, es soll zum Umsturz kommen.«
»Aber nein«, meint der Beamte, »das kann nicht so leicht passieren!«
»Na, sehen Sie«, bestätigt Herr Kohn, »das ist eben der zweite Grund.«

Abermals Prag 1960, auf demselben Ministerium. Wieder verlangt Herr Kohn die Erlaubnis zur Auswanderung. Wieder will der Beamte den Grund wissen.
Darauf Kohn: »Ich habe in Amerika eine steinreiche Tante, die ist blind und taub und will mir viele Millionen vererben und ich möchte sie noch pflegen.«

Da meint der Beamte: »Schreiben Sie doch der Tante, sie soll hierher kommen. Dann können Sie sie hier pflegen. Und sie soll die Millionen mitbringen.«
Herr Kohn: »Ich habe gesagt, sie ist blind und taub, ich hab nicht gesagt, sie ist blöd.«

Prag, nach dem Einmarsch der russischen Armeen 1967.
Berl zu Schmerl: »Sag einmal, Schmerl, würdest du die Russen als unsere Freunde oder als unsere Brüder bezeichnen?«
Schmerl: »Als unsere Brüder natürlich! Freunde kann man sich aussuchen.«

»Zionismus«, also positive Einstellung zum Staat Israel, wird bekanntlich in den marxistischen Staaten scharf verurteilt.

Als aus Anlaß des »Prager Frühlings« die Russen in der Tschechoslowakei einmarschierten, definierten die Prager:
Was ist ein Zionist?
Ein Tscheche, der ein russisches Panzerauto anspuckt.

Nach dem Einmarsch der russischen »Freunde« in der Tschechoslowakei 1967 kam in Prag die Scherzfrage auf:
»Welches ist der sicherste Staat der Welt?«
»?«
»Israel. Denn er ist *nur* von Feinden umgeben.«

1969. Schule in einem osteuropäischen Staat.
Lehrer: »Wer kennt einen großen Feldherrn?«
Klein-Rudi: »Bitte, Kutusow.«
Lehrer: »Was weißt du von Kutusow?«
Klein-Rudi: »Kutusow hat Napoleon bis nach Moskau gelockt, dann hat er gewartet, bis es dort anfing zu frieren, und dann hat er ihn besiegt.«

Lehrer: »Gut. Wer kennt einen andern?«
Klein-Karli: »Bitte, Stalin.«
Lehrer: »Was weißt du von Stalin?«
Klein-Karli: »Stalin hat Hitler bis an die Wolga gelockt, dann hat er gewartet, bis es dort anfing zu frieren, und dann hat er ihn besiegt.«
Lehrer: »Gut. Wer kennt noch einen?«
Klein-Moritz: »Bitte, Nasser.«
Lehrer: »Was weißt du denn von ihm?«
Klein-Moritz: »Nasser hat die Israelis bis an den Suezkanal gelockt, und jetzt wartet er, bis es dort anfängt zu frieren.«

Israel

Zur englischen Mandatszeit war die jüdische Einwanderung in Palästina zeitweilig stark behindert oder vollständig gestoppt.
Die verschiedenen zionistischen Parteien, die im nachstehenden Witz genannt sind, sind untereinander heftig verfeindet.

Englischer Polizist in Jerusalem: »Ich habe soeben 20 illegale Einwanderer festgenommen. 4 Misrachisten, 3 Poalej Zion, 5 Revisionisten, 2 Kommunisten.«
Der Vorgesetzte: »Gut. Wo sind sie jetzt?«
»Sie warten vor dem Gebäude.«
»Trottel! Sie werden davonrennen!«
»Keine Angst! Sie hassen sich so, daß sie sich gegenseitig bewachen!«

Israel. Ein neu immigrierter deutscher Jude badet im Meer, hat plötzlich keinen Grund mehr unter den Füßen und schreit verzweifelt:
»Hazilu! Hazilu! (hebräisch: Rettet! Rettet!)«
Der Bademeister zieht ihn heraus und sagt freundlich auf deutsch:
»Trottel! Statt Hebräisch hättest du besser schwimmen gelernt!«

Auf dem Postamt von Tel Aviv.
Der Schalterbeamte: »Der Brief ist schwerer als 20 Gramm, Sie müssen nachzahlen!«
Die Jüdin vor dem Schalter, bitter: »Und wenn er leichter gewesen wäre als 20 Gramm – hätten Sie mir dann die Differenz zurückgezahlt! Und das nennt sich nun jüdische Heimat!«

Jossel ist nach Israel ausgewandert. In den Ferien kommt er manchmal in sein Geburtsland Canada zurück. Ein christ-

licher Freund will wissen: »Wie geht es euch in Israel? Habt ihr überhaupt zu leben?«
»Warum sollen wir nicht zu leben haben?«
»Ein so kleines Land und so ungeheure Militärausgaben!«
»Nu, es stimmt: Einwohner haben wir nur zwei Millionen. Aber Steuerzahler haben wir zwölf Millionen!«

Die deutschen Juden werden von den Ostjuden »Jeckes« genannt und wegen ihrer mangelnden Hebräischkenntnisse und Talmudbildung und wegen ihrer Überkorrektheit und geringen Geschäftstüchtigkeit verspottet.
Tel Aviv. Kohn aus Krakau zu Lewy aus Berlin: »Weißt du den Unterschied zwischen einem Jecke und einer Jungfrau?«
»Nu?«
»Jecke bleibt Jecke.«

»Warum lacht Ihr Ostjuden über uns Jeckes?« fragt der aus Deutschland stammende israelische Finanzminister Rosen den in Russischpolen geborenen Ministerpräsidenten Ben Gurion.
»Ich werde es dir erklären«, verspricht Ben Gurion, geht mit Rosen zusammen in den Laden eines Jecke und verlangt eine Schachtel Zündhölzer.
Ben Gurion öffnet die Schachtel und weist sie zurück: »Ich möchte eine, wo die Streichhölzer anders herum liegen.«
Der Jecke öffnet einige Schachteln und sagt: »Es tut mir leid, sie liegen alle so!«
Die beiden betreten den Laden eines Galiziers und beanstanden wieder die falsche Lage.
Der Galizier dreht die Schachtel unter dem Tisch anders herum und erklärt: »Bitte sehr! Aber sie kostet fünf Prutot mehr. Es ist eine Sonderanfertigung!«

Als Ben Gurion und Rosen zusammen weggehen, sagt Ben Gurion: »Begreifst du jetzt?«
Darauf Rosen, nach langem Nachdenken: »Schön. Aber vielleicht war es doch nur Zufall, daß der Galizier solche Schachteln auf Lager hatte?«

Die ehemals deutschen Juden in Israel gelten als pedantisch gesetzestreu.

Wohnungsnot in Israel. Etliche deutsche Juden haben in einem ausrangierten Eisenbahnwaggon Unterkunft gefunden.
Eines Nachts schieben ein paar von ihnen, bibbernd vor Kälte, im Nachthemd den Waggon auf den Schienen hin und her.
Ein Israeli schaut ihnen lange verwundert zu und fragt: »Was treibt ihr da?«
»Einer von uns will auf die Toilette«, erklären sie, »und auf dem Waggon steht geschrieben ›Toilette nur während der Fahrt benützen‹.«

Das Flugzeug nach Lod in Israel macht Zwischenlandung in Rom. Ein großer, blonder, blauäugiger Norweger steigt ein und setzt sich neben eine New Yorker Jüdin. Sie schaut ihn immer wieder an und kann sich schließlich nicht mehr beherrschen:
»Entschuldigen Sie, Herr, sind Sie Jude?«
»Nein.«
»Aber wozu wollen Sie dann nach Israel? Sie müssen Jude sein.«
»Lady, ich sage Ihnen doch, ich bin keiner.«
»In diesem Fall verstehe ich nicht, was Sie in diesem Flugzeug zu suchen haben. Am Ende sind Sie dennoch ...«
Um endlich seine Ruhe zu haben, sagt der Norweger wild: »Also schön, ich bin Jude.«

Die New Yorker Jüdin schaut ihn wieder an und sagt: »Wissen Sie, Sie sehen gar nicht aus wie ein Jude!«

Die jüdischen Einwohner des Jerusalemer Viertels Mea Schearim sind religiöse Fanatiker und überaus prüde.
Ein verbürgter Ausspruch des durchaus nicht prüden Kardinal Richelieu zu einer sehr tief dekolletierten Tischnachbarin wird neuerdings in Jerusalem einem Einwohner dieses Viertels in den Mund gelegt:
Ein junger Chassid erblickt in Mea Schearim auf der Straße ein junges Mädchen in Hot pants und ärmellosem Leibchen. Anstatt ihr mit niedergeschlagenen Augen auszuweichen, geht er auf sie zu und reicht ihr einen Apfel.
»Was soll das bedeuten?« fragt das Mädchen verwundert.
Der Chassid erklärt: »Als Eva den Apfel im Paradies gegessen hatte, wurden ihre Augen geöffnet und sie erkannte, daß sie nackt war.«

Israel kurz nach dem Zweiten Weltkrieg. Wirtschaftskrise. Moische zu Esra: »Hast du schon das Neueste gehört? Die Regierung wird alle Banken schließen, mit Ausnahme der Blutbank und der Bank-Rott!«

An Geburtstagen pflegen sich Juden gegenseitig zu wünschen: »Hundertzwanzig sollst du werden!«
Nur in Israel wünschen sie sich: »Zweihundertvierzig sollst du werden!«
Warum? Weil die Regierung die Hälfte nimmt. (Anspielung auf die hohen Steuern.)

»Schlojme, ich höre, der Steuereinzieher war gestern bei dir. Was hat er dir weggenommen?«
»Eine Stunde Zeit. Alles andere hatte ich schon vorher auf den Namen meiner Frau übertragen.«

Israel. Purim (entspricht der Fastnacht) während der Knappheitsjahre kurz nach Gründung des Staates.
Ministerpräsident Ben Gurion schaut sich mit den Ministern für Finanzen und für Rationierung zusammen vom Aeroplan aus den bunten Straßenumzug in Tel Aviv an.
Ben Gurion: »Ich kann mir nicht erklären, wie die Leute bei solchen Steuern und solcher Rationierung so fröhlich sein können!«
Der Finanzminister: »Sie wären noch glücklicher, wenn ich ein paar Säcke Gold hinunterwürfe.«
Der Rationierungsminister: »Und noch glücklicher wären sie, wenn ich ein paar Säcke Zucker hinunterwürfe!«
Ben Gurion: »Und am allerglücklichsten, wenn ich euch alle beide hinunterwürfe.«

Ben Gurion hatte während des Sinaifeldzugs zwei ehrwürdige Rabbis ins Hauptquartier eingeladen.
Neugieriger Reporter: »Was wollte er von Ihnen?«
Die Rabbis: »Er wünschte nur, wir sollten ihm erklären, wie die Kinder Israels dieses Klima auf der Sinaihalbinsel seinerzeit, als sie mit Moses zusammen aus Ägypten auswanderten, vierzig Jahre lang hatten aushalten können.«

Ben Gurion soll bei der Gewerkschaft eine Ansprache halten. Vorher hat er einen diplomatischen Empfang, bei dem er im Frack erscheinen mußte. Er hat keine Zeit, sich umzukleiden und beginnt die Gewerkschaftsrede: »Kameraden! Verzeiht, daß ich in meiner Arbeitskleidung herkomme!«

Kurz bevor Ben Gurion, Staatsoberhaupt von Israel, zu einer Besuchsreise nach den U.S.A. fuhr, hatte es dort wegen der Bestechlichkeit eines Senators, der irgendwelche

Geschenke angenommen hatte, einen großen Skandal gegeben. –
Nach Ben Gurions Rückkehr nach Israel erzählte man sich dort folgende Geschichte: Ben Gurion und seine Gattin Paula wurden im Weißen Haus in Washington sehr schön empfangen. Zum Abschied wollte man ihm einen Cadillac schenken.
Da erinnerte sich Ben Gurion, wie streng die Amerikaner solche Schenkungen beurteilten, und erklärte: »Es ist gegen meine Prinzipien, Geschenke anzunehmen.«
»Gut«, schlugen die Gastgeber vor, »dann zahlen Sie eben für den Wagen.«
»Wieviel?« wollte Ben Gurion wissen.
»Hundert Dollar.«
»Kauf zwei!« flüsterte Paula ihrem Gatten ins Ohr.

Als der israelische Ministerpräsident Ben Gurion abgedankt hatte, rief ein Mitglied der Opposition bei ihm in der Wohnung an:
»Ich möchte Herrn Ben Gurion, den Ministerpräsidenten und Kriegsminister, sprechen.«
Am Telephon war Ben Gurions Gattin Paula: »Mein Mann ist nicht mehr Ministerpräsident und Kriegsminister. Er hat abgedankt.«
Und sie hängte das Telephon auf.
Als sich der genau gleiche Anruf ein drittes Mal wiederholte, sagte sie gereizt: »Ich habe Ihnen doch schon zweimal gesagt, daß mein Mann abgedankt hat. Was rufen Sie schon wieder an?«
»Weil ich es nicht oft genug hören kann.«

Für den nachfolgenden Witz muß man wissen, daß Israel nie eine von den Arabern anerkannte Grenze besaß, sondern bis zum Sechstagekrieg nur eine im Kriegsfall unhaltbare und von der UNO entgegen der Abmachung nicht geschützte Waffenstillstandslinie, auf die die Weltmächte heute auf arabischen Wunsch die Israelis zurückzudrängen versuchen. – Feste jiddische Redensart »Zu der Wand reden« = vergeblich bitten.

Joseph Sisco, U. S. Assistant Secretary of State, kam zwecks Verhandlungen nach Israel und sah sich Jerusalem an. Als er die Klagemauer besichtigte, fragte er seinen israelischen Begleiter: »Weshalb stehen hier Juden und schaukeln mit dem Körper vor- und rückwärts?«
»Das ist die jüdische Art zu beten«, erklärte der Israeli.
Da stellte sich auch Sisco an die Mauer, schwang ebenfalls den Körper vor- und rückwärts und betete laut: »Lieber Gott, bitte laß die Israelis alle eroberten Territorien an Ägypten, Jordanien und Syrien zurückerstatten!«
Hierauf wandte sich Siscos Begleiter ebenfalls an die Mauer und betete: »Ribbojne schel Ojlem (Herr der Welt), laß den Goj reden zu der Wand!«

Nachdem die Israelis im Sechstagekrieg 1967, der eindeutig von den Arabern erzwungen wurde, wider Erwarten gesiegt hatten, wurden sie zunächst von den Arabern, dann von den Oststaaten und zuletzt praktisch von der ganzen Welt als »Aggressoren« verurteilt.

Ein Engländer, ein Franzose und ein Israeli werden von Menschenfressern gefangen genommen und sollen aufgefressen werden. Der Häuptling erlaubt ihnen, sich noch einen letzten Wunsch auszubitten. Der Engländer will noch eine Flasche Whisky haben, der Franzose une jeune fille, der Israeli aber einen Tritt vom Häuptling in den Allerwertesten.
Der Häuptling gewährt die Bitte, der Israeli fliegt zwanzig Meter weiter zur Erde nieder, zieht einen Revolver, erschießt den Häuptling und befreit den Engländer und den Franzosen.

Diese danken und fragen verwundert: »Warum haben Sie nicht sofort geschossen?«
Der Israeli: »Soll man wieder sagen, ich hätte angefangen?«

Nach Israels siegreichem Sechstagekrieg. Kossygin droht Johnson mit der Atombombe.
Darauf Johnson: »Vergiß nicht, daß Israel mit uns verbunden ist.«

Der Sechstagekrieg ist zu Ende, der Waffenstillstand proklamiert. Am Jordan liegen sich Israelis und Jordanier friedlich gegenüber, sie gehen nicht einmal in Deckung.
Eines Tages erhebt sich auf der israelischen Seite Schmul, schreitet auf den Fluß zu, schließt die Augen, breitet die Arme ekstatisch aus – und schreitet auf der Wasseroberfläche bis nahe an die jordanische Seite hinüber. Dann dreht er sich um und geht ebenso mühelos zur israelischen Seite zurück.
Die Jordanier, starr vor Staunen, schauen atemlos zu. Keiner schießt.
Am nächsten Tag macht Schmul wieder dasselbe.
Als er seine Wundertat aber am übernächsten und an allen folgenden Tagen wiederholt, können es die Jordanier nicht mehr aushalten.
»Das hat zuletzt Jesus gemacht und die Juden anerkennen ihn doch nicht einmal! Wir aber sehen in ihm einen Propheten. Es wäre ja gelacht, wenn wir nicht könnten, was der Jude da drüben kann!«
Und Ali schließt die Augen, breitet die Arme aus, schreitet feierlich in den Jordan hinein – und ertrinkt.
»Er hat irgend etwas falsch gemacht«, meint sein Kamerad Nureddin, erhebt sich und schreitet ebenfalls ins Wasser.

Auch er ertrinkt. Es versuchen es noch weitere – alle ertrinken ...
Die Israelis schauen interessiert zu.
Da meint Schmul: »Wir sollten ihnen vielleicht doch sagen, wo die Steine liegen!«

»Den Sinaikrieg haben die Farbigen gewonnen!«
»Was für ein Blödsinn!«
»Aber ja! Der Herr Blau, Herr Grün, Herr Schwarz, Herr Weiß, Herr Rot, Herr Gelb ...«

1948. Ein israelischer Soldat besieht ein Bild Napoleons und sagt: »Ich *habe* Akko erobert!« (Napoleon war das nicht gelungen.)

Nach dem Sechstagekrieg. Die israelischen Generale Dajan und Rabbin langweilen sich. Dajan schlägt vor, einfach Krieg zu machen.
Darauf Rabbin, ohne Begeisterung: »Schön und gut – was aber werden wir am Nachmittag anfangen?«

Nach dem Sieg Israels im Sechstagekrieg treffen sich Nasser und Kossygin.
Nasser klagt: »Die Israelis haben unsere Luftwaffe vernichtet, noch ehe die Flugzeuge aufsteigen konnten.«
Kossygin: »Wir werden sie euch ersetzen.«
Nasser: »Den Syrern haben sie den Großteil der Tanks zerstört.«
»Auch das werden wir ersetzen.«
Nasser: »Das schlimmste aber ist, daß sie eine Menge arabischer Frauen entehrt haben.«
»Großartig!« sagt Kossygin begeistert, »stell dir nur vor, was für eine glänzende Armee du in zwanzig Jahren haben wirst!«

Kurz nach Israels siegreichem Sechstagekrieg gegen die Araber, in welchem die ägyptische Armee zur überstürzten Flucht gezwungen war, rast ein billiges kleines Auto auf einer deutschen Autostraße in einem unglaublichen Tempo dahin. Ein teurer Mercedes versucht vergeblich, den kleinen Wagen zu überholen. Endlich, bei einer Tankstelle, bleiben beide Wagen stehen und die Chauffeure kommen miteinander ins Gespräch.
Der Chauffeur des Mercedes: »Unglaublich, was dieser kleine Wagen leistet! Wie ist das möglich?«
Der andere Chauffeur: »Sehr einfach. Die Vorderräder stammen aus Ägypten und die hintern aus Israel.«

Kurz nach dem erfolgreichen Sechstage-Krieg der Israelis gegen die Araber trifft Präsident Nixon mit der israelischen Staatschefin Golda Meir zusammen. Im Gespräch fragt Nixon vorsichtig an, ob es möglich wäre, zwei israelische Generale im Austausch gegen zwei amerikanische zu erhalten.
»Warum nicht?« meint Golda Meir, »an wen dachten Sie?«
»Ich dachte«, erwidert Nixon, »an General Dajan und General Rabbin.«
»Einverstanden«, sagt Golda Meir, »ich hätte dafür gern General Motors und General Electrics.«

Der ehemalige Generalstabschef Mosche Dajan hat bei einem Gefecht ein Auge verloren und trägt seither eine schwarze Binde über der Narbe.

Präsident Nixon schaut bei einem Strip-tease zu. Zuletzt hat die Tänzerin alle Kleidungsstücke weggeworfen bis auf einen schwarzen BH, den sie kokett schräg über die Brüste hält.
Nixon schlägt sich an den Kopf: »Richtig! Ich wollte doch noch an Mosche Dajan schreiben!«

Der israelische General Mosche Dajan hat nur noch ein Auge.

Frage: Warum gibt es keinen Frieden im Nahen Osten?
Antwort: Weil General Dajan und Ägyptens Staatschef Nasser nicht unter vier Augen miteinander sprechen können.

Der Name der israelischen Staatschefin Golda Meir wird Me-ir und nicht Maier gesprochen.

Zwei Wiener im Gespräch. Der eine erwähnt in irgendeinem Zusammenhang Golda Me-ir.
Darauf der andere: »Was soll das heißen ›Me-ir‹? Sie heißt doch ganz einfach Maier.«
»Nein, sie heißt Me-ir.«
»Me-ir – so ein Blödsinn! Maier heißt sie!«
»Aber nein, sie heißt ganz bestimmt Me-ir.«
»No – dann müßte man ja auch Kre-isky sagen!«

Nach den Weltraumerfolgen der Amerikaner und der Russen veranstalten auch die Deutschen, zusammen mit den Franzosen und den Israelis, ein Mondfahrtprogramm. Die Rakete ist fertig, auch die Kapsel, nun wird noch ein Astronaut gesucht.
Man fragt den deutschen Bewerber, zu welchen Bedingungen er zu fliegen bereit sei. Antwort: 3000 Dollar. 1000 für mich, 1000 für meine Frau, 1000 für die Bausparkasse.«
Man fragt hierauf den Franzosen. Antwort: 4000 Dollar. 1000 für mich, 1000 für meine Frau, 1000 für mein Häuschen und 1000 für meine Geliebte.«
Zuletzt fragt man den Israeli. Seine Antwort: »5000 Dollar. 1000 für Sie, Generalleben, 1000 für mich, und für die restlichen 3000 lassen wir den Deutschen fliegen.«

Ribojne schel Ojlem (der Herr der Welt) hat gehört, daß auf Erden nicht alles stimmte. Er schickt also einen Engel als Kundschafter. Der berichtet:
In Rußland bauen sie atomic missiles. In den U.S.A. errichtet man das kontinentale Defence-system. In Ägypten baut man Unterstände und packt Sandsäcke vor die Fenster. Aber in Israel sitzen die Leute im Café, trinken Cognac, feiern Barmizwe (entspricht der christlichen Konfirmationsfeier und wird neuerdings in Israel nach amerikanischem Vorbild mit unglaublichem Pomp aufgezogen), streiten um die Frage, wer Jude sei, und ob man am Schabbes (Sabbat) Television hören dürfe oder nicht, und sie tun überhaupt so, als ob es keinen Krieg gäbe oder geben werde.«
Darauf sagt ER: »Ojwojwoj! Sie verlossen sich wieder amol ojf mir!«

Von Galizien bis New York

Telephongespräch.
»Hallo! Wer dort?«
»Eisik Knobelkranz.«
»Glaub ich nicht!«
»Wie haißt!?«
»Ich riech ka Knobel!«

Zwei Juden sitzen sich in Galizien im Bahnabteil gegenüber. An jeder Station öffnet der eine das Fenster und streut etwas weißes Pulver auf den Bahnsteig. Der zweite klärt lange, kann aber keine Lösung finden. Schließlich hält er es vor Neugier nicht mehr aus und fragt:
»Entschuldigen Sie die Frage, was ist das für ein Pulver?«
»Das ist Strieselech.«
»Danke sehr!«
Er klärt weiter, wieder ohne Ergebnis. Nach ein paar Stationen fragt er abermals:
»Entschuldigen Sie die Frage: Wofür ist Strieselech?«
»Strieselech ist nicht für, sondern gegen.«
»Danke sehr!«
Abermaliges Klären, abermals ohne Resultat. Nach ein paar Stationen:
»Gestatten Sie aufzuwerfen die Frage: Wogegen ist Strieselech?«
»Strieselech ist gegen weiße Elefanten.«
»Aber hier in Galizien gibt es doch keine weißen Elephanten!«
»Ist ja auch kein echtes Strieselech.«

Schloime rennt an Jankl vorbei.
Jankl: »Schloime, hast du einen Augenblick Zeit?«
Schloime, stehen bleibend: »Ja, was ist?«
Jankl: »Wenn du Zeit hast – was rennst du dann?«

»Chaim, ich kann ein Hauptwort konjugieren!«
»Blödsinn!«
»Doch! Hör zu: Seeschlacht. Ich seh schlacht, du sehst schlacht, er seht schlacht ...«

»Sally, weißte den Unterschied zwischen Eger und Karlsbad?«
»Nu?«
»In Eger wurde beseitigt der Wallenstein; in Karlsbad werden beseitigt die Gallenstein.«

»Ich war in Karlsbad. Sehr gemischte Gesellschaft.«
»Was heißt: gemischt?«
»Nu – Juden und Jüdinnen.«

»Feiwel, wenn ich morgen in der Lotterie den Haupttreffer machen möcht – möcht mich treffen vor Freude der Schlag!«
»Boruch, ich soll so leben, wie ich gönn dir von ganzem Herzen die große Freude!«

Kellner: »Nu, Herr Grün, wie schmeckt Ihnen unser Kaffee heute?«
»Apart. Ich habe immer gemeint, ›Kaffee‹ ist ein Wort, jetzt sehe ich, ›Kaffee‹ ist ein Satz.«

»Herr Kohn, morgen heiratet meine Tochter. Könnten Sie mir nicht Ihre Equipage leihen?«

»Tut mir leid, bei einer Hochzeit sind alle angetrunken, es wird schnell und unvorsichtig gefahren, die Equipage kann leicht Schaden nehmen. Aber ich verspreche Ihnen fest: Zu Ihrer Beerdigung können Sie sie haben!«

Kantorowitz kommt zum ersten Mal in ein Dorf, wo es noch einen Nachtwächter gibt. Stunde um Stunde fährt er aus dem Schlaf hoch, wenn unter seinem Fenster das Lied erschallt:
»Hört Ihr Herren und laßt Euch sagen,
Unsre Glock hat zehn (später elf, zwölf etc.) geschlagen,
Gebt acht auf Feuer und auf Licht,
Damit dem Nachbarn kein Schaden geschiecht!«
Am andern Morgen klagt Kantorowitz dem Gastwirt: »Sagen Sie, zu was singt er das meschuggene Lied?
Sind wir wirklich Herren, dann lassen wir uns nichts sagen.
Bin ich wach, hör ich die Glock alleine.
Schlaf ich, brauch ich nicht zu wissen, wieviel die Uhr schlägt.
Und was den Herrn Nachbarn angeht – was brauch ich mir den Kopf zu zerbrechen? Ich hab genug mit meine eigene Zores (Sorgen)!«

»Herr Pereles, nehmen wir an, Sie sind in der Wüste und ein Löwe fällt Sie an. Was würden Sie tun?«
»Sehr einfach – mein Gewehr nehmen und ihn erschießen.«
»Aber was, wenn Sie kein Gewehr hätten?«
»Dann würde ich die Pistole ziehen.«
»Und wenn Sie auch keine Pistole hätten?«
»Dann würde ich ihn mit dem Taschenmesser erdolchen.«

»Wenn Sie aber nicht einmal ein Taschenmesser hätten?«
»Dann – dann würde ich meinen Pelz schnell ausziehen und dem Löwen in den Rachen stopfen.«
»Ich bitt Sie – in der Wüste bei der Hitze haben Sie doch keinen Pelz!«
Pereles, erbittert: »Also zu wem halten Sie eigentlich, zu mir oder zu der Bestie?«

»Wag dich nur her zu mir! Dann geb ich dir e Patsch!«
»Und wenn du mir zehn Pätsch versprichst – ich komm nicht!«

»Was nutzet mir ein Kachelofen,
Kann ich mir nichts zum Acheln (essen) kofen!«

Vor dem Ersten Weltkrieg. Der Korporal versucht den Rekruten beizubringen, in welcher Form man bei verschiedenen Gelegenheiten die Honneurs zu machen hat:
»Wenn z. B. die Hofequipage vorbeifährt, müßt ihr Front machen und stramm ›Habt Acht‹ stehen ... Wir wollen das jetzt einmal ausprobieren. Stellt euch vor, ich bin die Hofequipage.«
Zweimal galoppiert der Unteroffizier an der Truppe vorbei, alle nehmen Haltung an, nur Moritz Steinkrug bleibt gelassen stehen.
»Steinkrug«, schreit der Korporal zornig, »warum machen Sie nicht Front? Ich bin doch die Hofequipage!«
»Nu, Herr Korporal«, sagt Steinkrug gemütlich, »es sitzt ja keiner drin!«

»Salo, komm mit zum Pferderennen?«
»Was gibt's dort zu sehen?«
»Nu – Pferde, die rennen.«

»Und was kost' der Eintritt?«
»E Gulden.«
»E ganzen Gulden! Für e Gulden renn ich allein!«

»Kellner, was haben Sie fertig?«
»Ich hab' e schönen Kalbskopf.«
»Ich seh's!«

Kalman geht im Winter am See entlang und sieht plötzlich seinen Freund Ginzberger in einem Loch im Eis strampeln.
»Ginzberger, bist du eingebrochen?«
»No na! Der Winter wird mich beim Baden überrascht haben!«

Der arme Ruben Smolenski, der die ganze Woche über in der Steinwüste von New York streng arbeitet, fährt am Sonntag mit seiner Familie ins Freie hinaus. Sie finden einen herrlichen grünen Platz zum Picknicken. Binnen kurzem ist die ganze Rasenfläche mit Papier, Tüten, Eierschalen, Flaschen und Papptellern übersät.
Plötzlich taucht ein uniformierter Wächter auf und schreit: »Wie können Sie das wagen? Dies hier ist der Golfplatz der besten und reichsten Familien der Umgebung! Der Eintritt in den Club kostet 3000 Dollar, der Jahresbeitrag 500 Dollar. Es kostet ein Vermögen, den Platz zu unterhalten! Und da kommen Sie her und verdrecken ihn! Hinaus mit Ihnen! Ich habe die größte Lust, die Polizei zu holen!«
»Hören Sie«, entgegnet Smolenski ruhig, »glauben Sie, daß das die richtige Art ist, neue Mitglieder zu werben?«

Pulverbestandteil kommt mit Weib und vier Kindern ins Restaurant, bestellt ein Krüglein Bier und sechs leere Gläser

dazu, und außerdem noch sechs Teller mit Besteck. Er verteilt das Bier, und seine Frau beginnt, eine gebratene Gans und Weißbrot auszupacken.
Der Kellner stürzt zum Wirt: »Schaun Sie sich das an! Aber ich trau mich nicht, was zu sagen, sonst heißt es gleich, Kellner sind grob!«
»Das mach ich selbst«, sagt der Wirt energisch und geht drohend auf Pulverbestandteil zu.
Der dreht sich freundlich um und fragt vorwurfsvoll: »Nu, wos is, Herr Wirt, gibt's heut' ka Konzert?«

New York. »Sind Sie Herr Kish? Wenn ja, dann soll ich Ihnen einen Gruß von Herrn Sherry ausrichten. Er hat Sie gekannt, wie Sie noch Kischinewer geheißen haben.«
»Sherry? Sherry? Ist das so ein kleiner schiefer dicker Kerl?«
»Ja.«
»Dann meinen Sie ohne Zweifel Schereschewski?«

Schmul ist aus New York nach Kalifornien weitergewandert.
Als er einmal wieder zu Besuch nach New York kommt, sagt Jankel ganz neidisch: »Bei euch soll ja die Sonne 365 Tage im Jahr scheinen!«
»Jawohl«, bestätigt Schmul stolz, »und das bei ganz bescheidener Schätzung!«

Zwei Juden sind im galizischen Tarnow in den Express gestiegen und sitzen einander gegenüber. Sie stellen sich gegenseitig vor: »Abeles.«
»Angenehm. Gleichgewicht... Sagen Sie, die Flasche, die aus Ihrer Manteltasche herausschaut, ist das Bronfen (Branntwein)?«
»Ja, Bronfen. Und was haben Sie?«

»Ich? A darre (trocken, wörtlich dürr, gedörrt) Zung.«
»Fein! Wollen Sie einen Schluck von meinem Bronfen?«
»Aber gern!«
Sie trinken ein Weilchen abwechselnd aus der Flasche. Schließlich wird Abeles ungeduldig.
»Nu«, mahnt er, »ein Stückchen Dörrfleisch würde ganz gut zu dem Schnaps passen. Heraus mit Ihrer darren Zung!«
»Darre Zung? Was für e darre Zung?« wundert sich Gleichgewicht.
»Aber Sie sagten doch, Sie hätten e darre Zung!«
»Ach so! Nu ja – e darre Zung hab ich gehabt. Aber jetzt, nach dem Bronfen, hab ich e nasse Zung.«

Bahngespräch. Itzik: »Wo kommt Ihr her?«
Schmul: »Nu, wo soll ich herkommen? Genau wie Ihr, von Tate und Mame!«

In Brünn hatte eine Frau Himmelreich ein Verhältnis mit einem Herrn Zwicker. Die Brünner meinten daher:
»Wer ist die kurzsichtigste Frau der Welt?
Frau Himmelreich. Sie kann ohne den Zwicker nicht schlafen.«

Zionistisches Meeting in einer kleinen Stadt. Der reichste Jude soll ein paar einleitende Worte sprechen.
Er steht auf und sagt bescheiden: »Liebe Freunde, was soll *ich* Euch lange anöden! Wir haben ja einen Redner aus Krakau!«

Am Billetschalter.
»Geben Sie mir e Drittklasskarte!«
»Wohin?«
»Heißt e Neugierde! Was geht Sie das an?«

»Rappaport! Wir haben uns ja lange nicht gesehen! Wie geht's?«
»Schlecht!«
»Na, was drückt Sie denn?«
»Erstens Zores (Sorgen), und zweitens meine neuen Stiefel.«

Kaufmann zum Rabbi: »Rebbe, ich brauch vier Händ.«
»Auf was brauchst Du vier Händ?«
»Ich bin im Export, ich muß dolmetschen.«

Herr Heinsheimer hat sich mit seinem besten Freund verzankt. »Das merk dir«, sagt er bitter, »an meiner Beerdigung will ich dich nicht sehn!«

Ein Herr rennt mit Windeseile durch den Südbahnhof Wien, beladen mit zwei schweren Koffern. Es ist 11.59, und um 12.00 fährt sein Zug ab. Er stößt auf einen bärtigen Juden und fragt hastig: »Bitte, auf welchem Bahnsteig geht der Zug nach Krakau ab?«
Der Jude, gemächlich den Bart kraulend, wohlwollend: »Wollense verreisen?«

Moische sitzt im Bahncoupé. Ihm gegenüber sitzt ein Glaubensgenosse, der abwechselnd lustig lacht oder mit der Hand unwillig abwinkt.
»Was treiben Sie da?« fragt Moische verwundert.
»Ich erzähle mir Witze«, erklärt der andere, »und sooft ich mir eine Geschichte erzähle, die ich schon kenne, winke ich mir ab!«

Glossar

Aramäisch. Eine dem Hebräischen verwandte Sprache des Nahen Orients, die von den Juden etwa seit dem babylonischen Exil auch im Lande Israel anstelle des alten strengen Hebräisch gesprochen wurde und in der auch Teile des Talmud abgefaßt sind. Jesus hat aramäisch gepredigt.

Assimilation. Angleichung der Juden an die nichtjüdische Umwelt unter Preisgabe der Eigentradition.

Bócher (hebr. Bachúr). Wörtlich Jüngling, Junggeselle. In der Zusammensetzung »Jeschiwe-Bocher«: Student der Talmudakademie.

Barmízwe (hebr. Barmizwá). Wörtlich Gebotspflichtiger. Mit vollendetem 13. Lebensjahr übernimmt der jüdische Knabe alle religiösen und kultisch-rituellen Pflichten des erwachsenen Mannes. Die Barmizwe-Feier wird vor allem in Amerika mit enormem Aufwand gefeiert. Früher begnügte man sich mit einer kleinen Bewirtung im Anschluß an den hebräischen oder auch jiddischen gelehrten Vortrag des Barmizwanten.

Bart. Orthodoxe Juden tragen immer einen Bart. Ausdrücklich verboten ist aber auf Grund einer Bibelstelle nur die Benützung des Rasiermessers, nicht das Schneiden des Bartes als solches.

Bátlen (hebr. Batlán). Nichtstuer. Despektierliche Bezeichnung der Männer, die trotz Armut nur brotlose Talmudstudien betreiben und von kleinen Trinkgeldern leben, die sie für die Übernahme ritueller Pflichten – etwa Rezitieren von Psalmen bei Notlage – bekommen.

Bess Médresch (hebr. Bet ha-Midrásch). Lehrhaus. Gemeint ist immer der meist an die Betstube angeschlossene oder auch mit ihr identische Raum, in welchem eine hebräische und aramäische Bibliothek des religiösen Schrifttums jedem zur Verfügung steht.

Chásen (hebr. Chasán). Vorbeter und Kantor in der Synagoge.

Chassíd, pl. Chassidím. Wörtlich »die Frommen«. Name der Anhänger der volkstümlich-mystischen chassidischen Bewegung. Sie entstand im 18. Jahrhundert in den durch die Massaker des Kosaken-Hetmann Chmielnizki dezimierten und entmutigten jüdischen Gemeinden der Ukraine. Der chassidische »Wunderrabbi« – auch Zaddik (Gerechter) oder »guter Jude« genannt – ist im Gegensatz zum Rabbi im gewöhnlichen Sinn kein Religionsgelehrter, sondern charismatischer Führer seiner Anhänger, anfangs nur armer Leute aus dem Volk. Gefordert ist nicht Gottesgelehrtheit, sondern unmittelbare, freudige Hingabe an Gott. Der chassidische Zaddik gilt immer als Wundertäter. Im chassidischen Umkreis keimte sehr bald ein scharfer, aufklärungsfeindlicher Aberglaube, der im Witz verspottet wird.

Chéder. Wörtlich Zimmer. Gemeint ist im Jiddischen immer die Stube, in welcher die Knaben hebräischen Elementarunterricht erhalten.

Chóssen (Hebr. Chatán). Bräutigam.

Ejze (Hebr. Ejzá). Rat.

Gábbe (Hebr. Gabbái). Synagogenvorstand.

Gánew (Hebr. Ganáw). Dieb, Gauner. *Ganwenen:* Stehlen.

Gemóre (Hebr. Gemará). Gleichbedeutend mit Talmud. Meist aber nur für den Babylonischen Talmud gebraucht, neben welchem es noch den Jerusalemer Talmud gibt.

Goj pl. Gojim. In der Bibel für Volk, später vorwiegend für nichtjüdische Völker gebraucht. Im Jiddischen ist Goj = 1. Nichtjude, 2. Nichtjude niederer Stände, vorwiegend Bauer, 3. spöttische Bezeichnung für einen religiös ungebildeten Juden oder jüdischen religiösen Ignoranten, auch für einen Juden, der die Gebote nicht einhält.

Haskalá. Aufklärung. Geistige Bewegung der Ostjuden im 19. Jahrhundert mit scharfer Feindschaft nicht nur gegen die Orthodoxie, sondern in erster Linie gegen den als »abergläubisch« abklassifizierten Chassidismus.

Hebräisch. Sprache der Bibel. Wird heute, in der Grammatik vereinfacht und mit Wörtern aus dem nachbiblischen Schrifttum angereichert, in Israel wieder gesprochen. Nicht zu verwechseln mit Jiddisch.

Jarmúlke. Ein rundes Mützchen, das fromme Juden ständig, auch im Hause, tragen. Manche Ostjuden trugen es auch unter dem Hut. Bei jeder religiösen Handlung – auch schon beim Sprechen eines kurzen Segensspruches – ist das Bedecken des Hauptes obligatorisch.

Jeschíwe (Hebr. Jeschiwá). Wörtlich Sitz. Seit dem Altertum Bezeichnung für die Talmudhochschulen.

Jecke. Verächtliche Bezeichnung der deutschen Juden. Das Wort kommt nicht von »Jacke«, welche die Westjuden anstelle des ostjüdischen Kaftans trugen, sondern von »agur ben Jake« (Sprüche 30), wo es heißt: »Zu stumpf bin ich, um ein Mensch zu sein, und Menschenverstand besitze ich nicht.« Also Synonym für den talmudisch Ungelehrten und geistig Ungeschliffenen.

Jiddisch. Germanisches Idiom, das sich aus dem alten Judenteutsch der aus Deutschland ostwärts geflohenen Juden in Osteuropa im Lauf der Neuzeit herangebildet hat. Der Wortschatz ist heute noch weitgehend spätmittelalterliches Deutsch, jedoch angereichert und zur formalen Synthese gebracht mit vielen hebräischen, aramäischen und slawischen Elementen.

Jom Kippur. Tag der Sühne. Strenger Fasttag im Herbst, kurz nach dem jüdischen Neujahr.

Kabbalá. Wörtl. Empfangen, Überlieferung. Seit dem 13. Jahrhundert Bezeichnung für die jüdische Mystik, deren Hauptwerk, der Sohar (= Glanz), damals in Spanien entstand. Der Sohar ist aramäisch verfaßt und geht ohne Zweifel inhaltlich auf alte mystische Überlieferungen der babylonischen Zeit zurück. Im Gegensatz zum ebenfalls mystischen Chassidismus ist die Kabbala nicht Angelegenheit des einfachen Volkes. Vielmehr setzt sie – da sie auf einer besonders komplizierten Form der Bibelauslegung basiert – eine solide Religionsbildung voraus.

Kílle (Hebr. Kehilá). Gemeinde. Gemeint ist immer die jüdische Kultusgemeinde.

Kálle (Hebr. Kalá). Braut.

Kóscher (Hebr. Haschéjr). Wörtl. rein, tauglich, erlaubt. Gemeint ist immer: Erlaubt im rituellen Sinne. Vor allem im Zusammenhang mit Speisen gebräuchlich.

Lámden (Hebr. Lamdán). Gelehrter.

Magíd. Prediger. Meist nur im Sinn von Wanderprediger.

Mame-Leben etc. Das angehängte »Leben« hat nichts mit dem deutschen Wort »leben« zu tun, sondern kommt von hebr. lew (= Herz). Auch im deutschen »Lebkuchen« haben wir dieses jiddische und hebräische Wort lew.

Máseltow (Hebr. Masál tow). Wörtlich »gutes Gestirn«. Glückwunschformel.

Mázze (Hebr. Mazzá). Flache, ungesäuerte Brotfladen für Pessach.

Melámed (Hebr. Melaméjd). Wörtl. Lehrer. Gemeint ist immer der Elementarlehrer, der den Knaben die Anfangskenntnisse in Hebräisch beibringt.

Meschúge (Hebr. meschugá). Verrückt.

Messias (Hebr. und Jiddisch Maschíach). Wörtlich Gesalbter. Er wird von den Juden am Ende aller Zeiten erwartet.

Sein Kommen hebt Tod und Sünde auf. Alle Toten werden dann auferstehen und nach Jerusalem kommen.
Mischpóche (Hebr. Mischpachá). Familie, Sippe.
Nebbich. Ein Ausruf der Teilnahme, des Mitleids und manchmal auch Ausdruck einer leichten Verachtung. Von allen etymologischen Erklärungen ist wohl nur die aus dem mittelhochdeutschen »nebige« akzeptabel. Der Nebige war der Knecht, der – nebbich! – zu Fuß neben dem Reiter herlaufen mußte.
Péjes (Hebr. peót). Wörtlich Ecken. Gemeint sind immer die Schläfenlocken der Orthodoxen. Aufgrund einer Bibelstelle dürfen diese Haarecken nicht abgeschoren werden.
Péssach. Jüdisches Osterfest. Dauert 8 Tage und wird zur Erinnerung an den Auszug aus Ägypten gefeiert. Da die Juden vor dem überstürzten Auszug damals keine Zeit mehr hatten, ihr Brot zu säuern, dürfen während der Pessachtage nur ungesäuerte Mazzes genossen werden.
Purim. Wörtlich Lose. Erinnerungsfest der Juden an ihre Errettung vor den Mordanschlägen des persischen Ministers Haman. Vgl. biblische Estherlegende. Purim fällt in den Februar und wird, wie die Fastnacht, lustig gefeiert.
Rabbi, Rabbiner, Rebbe etc. Von hebr. Raw – gleich großer Herr, Meister. *Rabbi,* jiddisch *Rebbe*: Wörtl. »mein Raw«, also Anrede. Das Wort wird aber deutsch wie Jiddisch längst auch unabhängig von der Anrede gebraucht: Also der Rabbi, der Rebbe. Gemeint ist immer der Religionsgelehrte, zugleich Führer der Gemeinde. Im Jiddischen wurde der Begriff auch, abgeschliffen, für den einfachen Religionslehrer oder Prediger benützt. In der Kurzform *»Reb«*, dem Namen vorangestellt – also etwa »Reb Rosenbaum«, bedeutet das Wort nur noch »Herr«. – Das Wort »Wunderrabbi« ist nur im Deutschen gebräuchlich. Im Jiddischen hieß der Führer der chassidischen Gemeinde Zaddik oder

»giter Jid« (= Guter Jude). Angesprochen wurde er einfach »Rebbe«.

Reformjuden oder *Neologen*: Religiös liberale Juden, die den ganzen Gottesdienst ein wenig dem christlichen angleichen.

Rituell, Ritus. (Ritus = Religionsgebrauch). Rituell leben: Alle Zeremonialgesetze befolgen.

Schábbes. Hebr. Schabát. Von schabat (= ruhen). Siebter Tag der Woche mit strengen Ruhevorschriften.

Schächten. Töten des Schlachttiers durch einen einzigen Schnitt durch die Halsschlagader. Die Schächtgesetze und die Fleischkontrolle ist bei den Juden streng rituell geregelt, erfordert daher Religionsgelehrtheit.

Schíkse. Männlich *Schégez.* Von hebr. Schékez: wörtl. Reptil, Abscheu. Verächtlicher Ausdruck für nichtjüdische Mädchen und Burschen.

Schulchán Arúch. Wörtl. »bereiteter Tisch«. Kompendium des Ritualgesetzes aus dem 16. und 17. Jahrhundert.

Semitisch. Im Deutschen seit der Nazizeit oft irrtümlich als Rassenbezeichnung gebraucht. Bezeichnet in Wirklichkeit – genau wie der Ausdruck »arisch« – nur eine bestimmte Sprachgruppe.

Speisegesetze. Das jüdische Religionsgesetz verbietet den Genuß bestimmter Tiere und schreibt für warmblütige Tiere eine bestimmte Art der Schächtung, anschließende Ausblutung und genaue Schlachtkontrolle vor. Verboten ist ferner die Vermischung von Milch- und Fleischspeisen. Indes geht dieses Verbot möglicherweise auf die Fehlinterpretation der betreffenden Bibelstellen zurück. Verboten ist ferner der Genuß von gesäuertem Brot während der 8 Pessachtage.

Súkkos (Hebr. Sukkót). Laubhüttenfest. Dauert 8 Tage, wird im Herbst gefeiert.

Talmud. Wörtl. Belehrung. Umfassendes Kompendium mit Ergänzungen zum Bibelgesetz, Gleichnissen, Anekdoten, Parabeln. Entstanden zwischen den Jahren 500 vor und 500 nach Christus, zunächst im Lande Israel, später in Babylonien. Der Talmud ist in den ersten Teilen hebräisch, in den späteren aramäisch abgefaßt. Der Rabbiner des Ostens war immer ein solider Talmudgelehrter. Zivilgesetzliche Auseinandersetzungen innerhalb der jüdischen Gemeinde entschied er nach talmudischem Recht. Sein Entscheid wurde praktisch immer respektiert, obwohl dem Rabbi keine Exekutivgewalt zur Verfügung stand.

Talmud-Tora-Schule. Gratis von der Gemeinde geführte Religionsschule.

Tálles (Hebr. Talít). Gebetmantel. Großes viereckiges helles Tuch mit dunklen Streifen am Rand, das nur von den Männern getragen wird.

Tefilen. Von hebr. Tefilá = Gebet. Schmale Gebetsriemen mit einer Kapsel daran, die, auf Pergament geschrieben, bestimmte Abschnitte aus der Tora enthält. Die Tefilen werden von den Männern an gewöhnlichen Wochentagen beim Morgengebet nach ganz bestimmten Regeln um den linken Unterarm und um die Stirn gelegt.

Tréfe. Von hebr. tréfa = Gerissenes. »Gerissenes«, d. h. von Raubtieren gerissenes Wild darf nicht gegessen werden. Sekundär bedeutet trefe alles, was nach Ritualgesetz als Speise verboten ist.

Tora. Wörtl. Lehre. Meist gebräuchlich im Sinn von Pentateuch (= 5 Bücher Mose), übertragen = religiöses Schrifttum.

Wunderrabbi. Siehe Rabbi.

Zaddik. Der Gerechte oder Heilige. Bezeichnung für den chassidischen Wunderrabbi. Siehe Rabbi.

Liste der Spender von Witzen und Anekdoten

Bei Auswanderern aus Mittel- und Osteuropa ist das Land der Herkunft, sofern bekannt, in Klammern angegeben.

J. D. Abramski, Schriftsteller (Ukraine), Jerusalem
F. Adler, Limassol, Zypern
Dr. M. M. Adler, Hull, England
Dr. phil. Jean Améry (Wien), Brüssel
F. J. Arendt, Haney, Kanada
Oberregierungsrat a. D. Dr. David B. Ascher (Berlin), Haifa, Israel
Wolfgang Bach, Langen/Hessen
Dr. F. C. Bachem, Meersburg am Bodensee
Oberregierungsrat i. R. Max Bachmann, München
Heinz Badt, Basel
Baksa-Sos Laszlone, Budapest
Stud. Adalbert Banzhaff, Lörrach, BRD
Istvan von Barczay, Kondo, Ungarn
Prof. Dr. Frederic Bargebuhr (Hamburg), Iowa, USA
Kornél Barna (Ungarn), Lehrbeauftragter der Universität Heidelberg
Heinz Baumeister, Dortmund
Heino von der Becke, Bad Godesberg
Stud. phil Werner Becker, München
Prof. Dr. Franz Joseph Beranek (CSSR), Gießen
Heinrich Berger, Den Haag
Paul Berger, Berlin
Alexander Berkes (Ungarn), Düsseldorf
Dr. phil. Jos. Bernfeld (Czernowitz), Paris
Paula Bernhardt (Dtschl.), Israel
Dr. A. Bernhauser, Wien

Walter Bierbaum, Viechtach/Bayern
Ing. Lamberg Binder, Wien
Wilhelm Bittner, Treuchtlingen/Mittelfranken
J. Blaauw, Dordrecht, Holland
Ludwig Blau, Wien
Direktor Ernst Bolik, Hannover
Otto Borchers, Bonn
Clementine Börner (Dtschl.), Stockholm
Ing. Hand Bortsch, Erlangen
Hans Jürgen Brandt, Stuttgart
Dr. Adolf Braun, Wien
W. Breitkopf, Berlin
Architekt Hans Ludwig Brin, Kopenhagen
Hans Dieter Buchwald, staatl. Hochschule, Braunschweig
Carl Bühler, Göttingen/Wttg.
Hans Bulcke, Lenzkirch/Baden
Dr. med. Michaele Burian (Wien), Bad Hersfeld
Jancu Chitzes (Rumänien), Genf
Cand. Ing. Dieter Claus, Berlin
Hildegard Closset, Dortmund
Arthur Cohn, Bad Harzburg, BRD
Wolfgang Colden, Düsseldorf
Dr. Heinz Colm, Mailand
Wolfgang Cordan (Berlin), Mexiko
Dr. phil. h. c. W. R. Cordi, Winterthur/Schweiz
Dr. Hand Cramer, Leverkusen
Dr. Hans Dittrich, Sürth bei Köln
Otto Dölle, Escola Alem., Benguela, Angola
Alfred Dresel (Berlin), Oxchott, England
P. R. Siard Eberl, Chorherr des Stiftes Schlägl, Oberösterreich
Jizchak Efratt, israelischer Botschafter a. D., Cholon, Israel

Georg Eisenkolb, Wien
Günther Elbin, Pfalzdorf/Niederrhein
Fritz Elble, Konstanz am Bodensee
Dr. jur. Lilli Erlanger, Luzern
Dr. med. Hermann Fabry, Bochum
Walter Fackler, Ludwigsburg/BRD
Dipl.-Ing. Walter Fehre, Wörschach, Österreich
Dr. Ludwig Feist, Bad Godesberg
H. A. Feldmann, Klapmuts, Südafrika
Erwin Felkel, Florenz
Dr. phil. Kuno Fiedler, Purasca, Tessin
Prof. Dr. Franz Fischer, Tübingen
Dr. Rudolf Flury, Redakteur, St. Gallen
Wilhelm Foag, Wehringen, BRD
Josef Foissner, Wien
René Foitl, Paris
Nelly Frank, Genf
Architekt J. Fresco, Curaçao
Rosmarie Freidig-Cosmann, Dübendorf, Schweiz
Baruch Freudenfall (Podolien), Ajeleth-Haschachar, Israel
Helene Fuchs, Heidelberg
Dr. med. F. Funk, Kirrberg/Saarland
Prof. Dr. H. Gachot, Schirmeck-Belmont, Frankreich
Anders Garay (Ungarn), Stockholm
Georg R. Gaertner, Trier
Leo Gehrt, Krefeld
Dr. Gerhard Geyer, Wien
Dipl.-Phys. Mebus Geyh, Laatzen, BRD
Prof. Dr. med. H. A. Gins, Berlin
Arthur Glaser, Bankier (Berlin), Watford, England
Hubert Glatz, Villach, Österreich
Prof. Dr. Ladoslav Glesingen, Zagreb
Maxi Gobiet, (Brunn) Wien

Dipl.-Ing. Hans Götz, Wien
Dr. med. Hermann Graebener, Bruchsal, BRD
Karl W. Graebener, Karlsruhe
Jetty Grafe (Wien), London
Ludvik Gregor, Prag
Momtschilo Grtschitsch, Wolfsburg/BRD
Edoardo Guglielmetti, Zürich
Dekan Wilhelm Gümbel, Nagold, BRD
F. E. Gumpert, London
Dr. med. Alexander Gutfeld, Bückeburg
Prof. Paula Häberlin, Basel
Dipl.-Ing. A. G. Hackl, Wien
Dr. Albert Hahn, München
Dr. Alfred Halward, São Paulo, Brasilien
Dr. Robert Hampel, Wien
Peter Hansen, Bremen
D. N. Hare, Jekuda, Israel
Joachim Hasper à Sperda, Oberleutnant a. D., Heilbronn
Stadtrat Heinz Heckel, Hof/Saale, Bayern
Adrian Heeb, Basel
Erwin Heidemann, Berlin
Dr. med. P. E. Heine, Sauerlach, Bayern
D. Heinrich, Süssenbach, BRD
G. Heinrichs, Hohenbostel-Deister, BRD
Gerichtsref. A. W. Heinzerling, Weinheim, BRD
von Hellermann, General a. D., München
F. A. Hengen, Rülzheim/Pfalz
Alfred Hennig, Berlin
Urschel Henschel, Oberhessen-Osterfeld
Josef Hermann, Ising/Obb.
Masko Hermann, Osijak, Jugoslawien
Prof. Dr. P. Hexner, Pennsylvania, USA

Hermann Hieber, Braunau bei Bad Wildungen
Eva Hilgendorf, Berlin
Alfons Hiller, Ulm
Prof. Dr. H. Hinderks (Hamburg), Belfast
Prof. Dr. Otto Hintner, München
Dr. phil. Alexander Höchberg (Frankfurt), Basel
Stud. phil. Helga Hopp, Berlin
Dr. phil. Arthur Hübscher, Frankfurt/Main
Konrad Hummler, St. Gallen, Schweiz
Fred Jackson, Keston, England
Anne Jaeckel, Solingen
Marianne Jaray (Wien), London
Ludwig F. Jauner, Wien
Gerhard Jeske, Hamburg
Lottie Joseph, San Franzisko
Dr. med. dent. Otto Jung, Alzey/Rhein
Dr. phil. Christine Kainz, Wien
Dr. Fritz Karger, Basel
Pfarrer Harry Harnowsky, Crailsheim
Walter Karsch, Herausgeber des Tagesspiegels, Berlin
Legationsrat i. R. Emil Keil, Haag am Hausruck, Österreich
Dipl. Ing. Otto Kellermann, Sonthofen/Allgäu
Oberschulrat a. D. Heinrich Kerkhoff, Hamm/Westfalen
Assessor Hanns Werner Kern, Köln-Riehl
Ing. Rudolf Kinzel, Bamberg
Dipl.-Ing. B. Klaften, München
Dr. Benno Klein, Murnau, Oberbayern
Chefredakteur Horst Knapp, Wien
Hans Wilhelm Kogler, Wiesbaden.
Harry Kópnick, Bad Schwarten/BRD
Josef Koppmair, Bildhauer, München

Rüdiger Kormuth, Kiel
Dr. Helene Marie Krapp, Zell u. A., BRD
Dow Kraus, Neot Mordechai, Israel
Gerhard Krause (Danzig), Hamburg
Prof. Dr. Karl Krejci-Graf (Galizien) Frankfurt/Main
Tilde Kriesi-Nascher, Bischofszell
Kurt Krolop, Germ. Institut, Halle-Wittenberg, DDR
Ing. Wolfgang Krüger, Erlangen
Dr. med. Franz Kuhn, Ichenhausen/Wttg.
Dr. Charlotte Kühner (Dtschl.), Berg, Schweiz
Max Ladstätter, Florenz
Else Lakonny (CSSR), Neustadt/Wttg.
Ing. Basilio Lanyi (Ungarn), Buenos Aires
Else Lakonny, Wttg.
Dr. med. Günter Lasch, Bad Godesberg
Cand. med. Manfred Lasser, Leoben, Steiermark
Chefredakteuer Robert Lehmann, Köln
Karin Leonhardt, Paris
Wolfgang Liebeneiner, Bad Mergentheim/Wttg.
Reg. Rat. Josef Lindinger (Tschernowitz), Wien
Paul Johannes Lindner, Köln
Cand. phil. Joachim Linke, Hamburg
Dipl.-Ing. Georg Linzboth, Bratislava
Rose Lipschitz (Budapest), London
Staatsanwalt Ernst Löllke, Hamburg
Rechtsanwalt W. H. Lotze, Soest/Westf.
Dr. Löwenfeld, Rolandia, Brasilien
Stud. phil. Hartmut Lück, München
Pfarrer Ernst Ludwig, Rüdersdorf bei Berlin
Dr. med. Wolfgang Lühning, Lemgo, BRD
Dr. Heinrich von Lüttwitz, Wuppertal
Hubert Macioszek, Köln-Ostheim
Dr. Wolfgang Mädje, Oldenburg

Richard Mannheim (Berlin), London
Jean Paul Marchand, Institut de Physique, Genf
René Markowski, Rotenfels/Baden
Dr. Alfred Martin, Weissbach/Marzoll
Walter L. Maschke, Hamburg
Minna Masur, Tel Aviv, Israel
Oberforstmeister a. D. Karl Matzek (Galizien), Ulm
Dr. med. Ingeborg Meidinger, Erlangen
Prof. Erwin Meinhard, Wien
Anton O. Meining, Freiburg-Littenweiler
Dr. Karl Melnizki, Zahnarzt, Graz
Paul Mettler, St. Gallen
Pater Ivo Meyer, S. J., Schrirampur, Indien
Erich Michael (Schlesien), Cadolzburg b. Nürnberg
Drs. Katharina und Momme Mommsen, Berlin
Dr. Martin Müllerott, München
Graf E. A. zu Münster, Reutlingen
Prof. Dr. med. dent. F. Robert Munz, London
Elisabeth Nadler, Hersel über Bonn
Prof. Dr. Georg Nador (Budapest), Heidelberg
Emil Nebenhäuser, München
Dr. med. H. Neumann, Malans, Schweiz
Hans Nöldechen, Rheidt/Rhein
Cand. theol. Christian Oehring, Mainz
Bedrich Oesterreicher, Prag
Will Oesterreicher, Würzburg
Michael Passweg (Israel), Köln
Dr. Dr. Rudolf Pechel, Lenk, Schweiz
C. V. Peck (Ungarn), Schweden
Ed. A. Pfeiffer-Ringenkuhl, Taufkirchen bei München
Dr. Karl Pfoser, Wien
Dr. Piekniczek, Wien
Sasa Pietrasova, Prag

Otto Pietsch, Segeste über Alfeld
Dr. Hans Priker, Rechtsanwalt, Irdning/Steiermark
Prof. Dr. med. M. Plessner, Jerusalem
Oberstleutnant a. D. F. W. Plodowski, Setterich, BRD
Dolkart Plumhoff, Allenspach, BRD
Dr. phil. Helmut Praschek, Berlin
Dr. Erich Prokopowitsch, Wien
Ing. Michael Puszet (Polen), Lugano
Karl Raschke, Hamburg
Johann Rathmacher, Worms
Dr. med. Walter Rechmann, Enskirchen
Stud. phil. Ilse Reckert, Freiburg/Br.
Dipl.-Volkswirt Albrecht Riemann, Erlangen
Dr. Dr. Edith Ringwald, Basel
Werner Rittenberg, Illerstein, Bayern
Dr. M. v. Roesgen, Mainz
Kurt Rosenwald, Washington
Jochen Rottke, Bremen
Dr. E. W. Sachs, Zuidlaan, Holland
Horacy Safrin, Schriftsteller (Lwow), Lodz
Prof. Dr. chem. Louis Sattler, New York
Prof. Dr. Jakub von Sawicki, Warschau
Cand. phil. Anna Schafer, Audorf/Westf.
Oswald Schafft, Prien/Chiemsee
Fritz Schäuffele, Schweiz. Fernsehen, Bern
Else B. Schapira, München
Franz Xaver Scherer, Seewalchen, Österreich
Hans Scherrer, Reklameschriftsteller, Köln
W. D. Schipper, Hilversum
Karl Schiwy, arolsen, BRD
Helmut Schluroff, Nieder Roden/Hessen
Prof. Dr. Carlo Schmid, Bonn
Jakob Schmid, Burg, Schweiz

Dipl.-chem. Gerhard L. Schmidt, Victoria (Australien)
Dipl. Politologe Giselher Schmidt, Hangelar/Sieg
Richard Schmidt, Bad Godesberg
Direktor Johannes Schmoll, Düsseldorf
Manfred L. Schnapke, Koblenz
Monika Schnedl, Wien
Dr. med. E. Schöler, Chefarzt i. R. (Danzig), Paderborn
Eduard G. Schott, Seattle, USA
A. Schreiber, Schönaich, BRD
Dipl. rer. pol. K. H. Schreiber, Den Haag
Dr. Paul Schüler, Mainz
Prof. Dr. J. H. Schultz, Berlin
Cand. jur. Peter Schultze-Krafft, Heidelberg
Dr. Heinz Schwab, São Paulo, Brasilien
Dr. med. K. F. Schwebel, Solingen
Rechtsanwalt Holm G. Seltmann, München
J. Semenko (Ukraine), München
Prof. Dr. H. Sieber, Muri, Schweiz
Paul Sieghart, London
Dipl.-Ing. Otto Siegl, Rostock
Walter Silbermann, Montevideo
Dr. jur. Gyula Simon, Budapest
Dr. Eugen Slavik, Zilina, CSSR
Leo Smart, Watford, England
Prof. Dr. Günter Snatzke (Österreich), Bonn
Ing. Paul Solti, Frastanz, Österreich
Dipl.-Ing. Hans Sommer (CSSR), Genf
A. Spiegelglas, Zürich
Dr. Elis. Spielmann, Wien
Dr. Einhard Spilling, Hamburg
Hella Steiner, Wien
Dr. med. E. Steinert (Prag), Klagenfurt
Eduard Steudinger, Leibnitz, Steiermark

George S. Stokowski (Baltikum), Dornstadt, BRD)
Cand. med. Heiner Stolbrink, Köln
Theaterdirektor Franz Stoss, Wien
L. Strauss, Lengnau
Sigmund W. v. Szremowicz, Bremen
Lotte Takach (Wien), Venedig
J. Tamás (Ungarn), Schönenwerd, Schweiz
Dr. Karl Taube, Leverkusen/Rhein
Prof. Dr. Jakob Taubes, Berlin
Medizinalrat Dr. H. Temple, Wien
Sophie Temple, Wien
Prof. Susanne Thieme, Germersheim/Rhein
Ing. Herberg Tischler, Wien
Harro Täubel, Eberbach am Neckar
Dr. phil. Wilhelm Treichlinger (Wien), Zürich
Dr. Pavle Treue, Zagreb, Jugoslawien
W. Treuherz, Rochedale, England
Brigitte Tsingioti, Waldkirch, BRD
Dr. Kurt Turnovsky, Wien
Vladimir Vaneček, Marienbad
Andrea Vasella, Fribourg
Käte Vogel, Dorfen, BRD
Ungarischer Generalkonsul a. D. Harald E. Voigt, Fakenstein/Taunus
Dr. jur. Lion Wagenaar, Jerusalem
Dipl.-Ing. Kurt Wagner, Kulmbach/Bayern
Maria Wagner, Wien
Dr. Fritz Waldstein, Wien
Rafael Warschawski (Jerusalem), München
Adolf Wassertrüdinger, Wien
Aladar von Weigerth, Baden-Baden
Bronja Weiherthal, Essen
Pfarrer Erhart Weiss, Zwickau, DDR

Dr. med. Natalie Weisselberg (Polen), Offenbach
Helke Wendl, Weiden am See/Österreich
Karl Ernst Wentzel-Vockrodt, Steinhagen, Westfalen
Paul Ernst, Marburg
Piotr Widymski, poln. Geschäftsträger in Djakarta
Stud. med. Peter Wieczorek, Amelsbüren, BRD
Anneliese Wiener, Berlin
Fritz Wieshöfer, Trossingen/Wttg.
Dr. Winkelmann, Darmstadt
Ludwig Winter, Hanau
Dr. Gerd Wolandt, Würzburg
Dr. jur. Peter Wolf, Wien
Doz. Dr. med. Eduard Wondrak, Olmütz
Redakteur Paul Uccusic, Wien
Mrs. C. Ullmann, London
Marcel Ullmann, London
Dr. R. Zauner, Linz
Dr. rer. pol. Dr. phil. h. c. Heinrich Zillich
Redakteur Jürgen Zimmermann, Basel
Gösta Cornelius Zwilling, Wien

Einige Witze sind den Rezensionen von Prof. Dr. Otto Forst de Battaglia und Sigismund von Radecki entnommen.